JN410978

해방 공간에서 하나님 나라를 꿈꾼 5인 5색

해방 공간에서

하나님 나라를 꿈꾼

5인5색

저자 연규홍

생명의 씨앗 터닝포인트

해방 공간에서
하나님 나라를 꿈꾼
5인 5색

2007년 8월 10일 인쇄
2007년 8월 20일 발행

지은이 | 연규홍
펴낸이 | 정상석
펴낸 곳 | 생명의 씨앗 & 터닝포인트

출판등록 | 2005. 2. 17. 제6-738호
주소 : 135-280 서울 마포구 동교동 159-6 파라다이스텔 1714호
전화 : 02-332-7646
FAX : 02-3142-7646

값 : 8,000원
ISBN 978-89-957176-2-2 03200

감사와 존경을 담아
나의 스승, 일사一史 주재용 박사님께
이 책을 드립니다.

프롤로그

한국 민족사에 있어서 해방 공간1945–1948은 하나의 가능성이었다. 일제 식민 치하에서 해방된 한국 민족이 어떻게 민주적이며 자주적인 통일국가를 형성할 것인가 하는 것은 해방 공간의 역사적 과제였다. 따라서 한국 민족사 속에 존재하는 한국교회들이 이와같은 역사적 과제를 외면하고 홀로 별개의 공간에 존재할 수는 없었다. 특히 한국 민족사 속에서 지난 반세기 동안 한국 사회의 근대화 과정과 민족 독립 운동에 커다란 기여를 해온 한국교회는 해방 공간에서도 자못 그 역할에 대한 기대가 컸다.

1945년 8월 15일의 해방은 '미완의 해방' 으로 민족의 비극인 분단의 시작이었다. 미국과 소련에 의한 남북한의 분할 점령, 식민지 시절의 모순을 해결하지 못한 친일파 반민족주의자들의 득세, 민중의 기본 생존권과 자유가 보장되지 못하고 더욱 박탈당하는 상황에서 "하나님의 나라를 이루며 그 뜻을 실천마태복음 6:33" 하는 것은 예수의 제자직을 맡은 한국교회에 부여된 시대적 선교 소명이었다.

본 글은 바로 이러한 시대적인 선교 소명을 가지고 해방 공간에서 하나님의 나라를 이룩하고자 하였던 다섯 명의 교회 지도자들의 사상과 생애를 조명해 본 것이다. 물론 이들 외에도 해방 공간에서 민족 공동체를 위한 성서적 이상과 대안을 갖고 그것을 실천하기 위해 노력하였던 이들이 많이 있었다. 단지 이 글에서는 해방 공간에서 뚜렷한 정치적 지향성을 가지고 그 영향력을 교회 조직이나 사회운동, 그리고 민중사건 등에 발휘한 이들만을 다루었다.

해방 공간에서 민중이 주체가 되는 자주적 통일 국가를 이루고자 남한의 친미적 자본주의 체제를 거부하고 북한 사회주의 체제를 선택하여 월북한 김창준 목사, 반면 북한 사회주의 국가 건설 과정에서 신앙의 자유를 위해 월남하여 남한 사회의 반공 이데올로기 형성에 기여한 한경직 목사, 그리고 각각 남한과 북한 사회에서 자본주의적 국가와 사회주의 국가 건설에 참여하여 보다 이상적인 정치체제와 권력 구조 형성을 위해 신앙적 모험을 한 최흥종 목사와 강양욱 목사, 마지막으로 민중 모순과 민족 모순이 중복된 해방 공간에서 민중과 민족을 끌어안고 자본주의와 사회주의란 이념의 경계를 넘어 성서가 제시하는 하나님 나라를 전하기 위해 10월 민중 항쟁의 전선에 섰던 최문식 목사 등 5인의 목회자가 그들이다.

이들은 지금 모두 현실 역사의 지평 밖에 있다. 그러나 아직도 20세기의 냉전주의적 사고방식은 이들에 대한 객관적 평가와 서술을 가로막고 있다. 나는 이 글을 통해 누구도 미화하거나 폄하하려고 하지 않는다. 그들 모두는 시대의 아들로 오늘 우리의 관점에서 볼 때는 한계성과 결점을 갖고 있다. 단지 그들이 하나의 그리스도인으로 그리고 교회의 지도자로서, 한 시대를 치열하게 살며 고민했던 삶의 주제들을 진지하게 반성해 보고 싶은 것이다. 나는 이 글에서 독자들을 설득하려고 하지 않는다. 단지 시대의 문제의식을 함께 공유하며 역사에 눈뜸을 바랄 뿐이다.

오늘 우리는 어떻게 살고 있는가? 분명 21세기는 제2의

해방인 통일의 세기일 것이다. 그러나 그 통일은 지난 세기의 8·15 해방처럼 타의적으로 다가오거나 우연으로 다가오지 않을 것이다. 아니 그렇게 오게 해서는 안된다. 미래는 준비된 자의 것이다. 변화된 세계사에 대한 올바른 역사의식을 가지고 민족의 내재적 역량을 동원하여 평화적 방법에 의한 통일, 통일에 의한 평화의 실현을 추구해야 한다. 이 책이 바로 그런 통일 선교와 평화 선교의 미래를 준비하는 한국교회의 작은 이정표가 되길 바란다.

흩어진 자료들을 모으고 정리하며 함께 이 책의 탄생을 위해 힘쓴 박해진 선생과 남기창 군에게 감사한다. 특히 표지 그림을 정성껏 그려준 곽원일 군에게 고마움을 표한다.

2007년 7월 17일 통일 조국의 미래를 그리며 연규홍

Contents

제1장

민중 주체의
하나님 나라를 꿈꾼

김창준

해방 공간 속의 두 갈래 길

1945년 8월 15일부터 시작되는 3년간의 해방 공간은 우리 민족사에 있어서 매우 중요한 시기였다. 왜냐하면 오랜 일제 식민지 억압의 상황에서도 면면히 이어온 민족 해방 투쟁사의 맥을 이어 독립된 통일국가를 수립하느냐, 아니면 또다시 남과 북에 진주한 미국과 소련에 의해 분단된 종속 국가를 이루느냐 하는 향방이 이 시기에 놓여 있었기 때문이다.

이 시기 남·북한의 정국은 어느 정도 통합된 구심력을 행사하던 건국준비위원회가 미·소 군정의 실시로 무산되면서 더욱 더 혼란과 정치 노선의 갈등이 깊어지고 있었다. 특히 남한의 정국은 미군정 아래서 권력의 중심부를 차지하려는 우익 계파와 이를 거부하고 프롤레타리아 독재정권을 세우려는 좌익 계의 세력 다툼이 치열하게 전개되고 있었다. 또한 뒤늦게 이런 정치 와중에 뛰어든 김구를 비롯한 임시정부 인사들도 역시 그들 나름의 정치 편향을 갖고 자주적인 민주 변혁과 통일 정부의 수립을 갈망하였다.

하지만 38도선을 경계로 남북을 분할 장악한 미 · 소의 정치, 군사적인 의도는 달리 있었다. 특히 남한에서 미국은 군정을 통하여 일제의 식민지 모순 구조를 그대로 존속시킨 채, 제2차 세계대전 후 새로운 식민지적 질서에 통해 남한을 재편시키려는 계획을 진행시키고 있었다. 그래서 이들은 해방 후 민중 스스로에 의해 구성된 자치적 조직들을 탄압하고 일제의 반봉건적인 사회의 기본 모순인 토지 지주제와 이를 중심한 재산 소유권을 친일 지주와 매판 자본가들에게 그대로 넘겨주었다. 그러므로 이러한 미군정의 반민중적이고 강압적인 점령 정책은 민중 전체의 자주적이고 통일된 변혁의 열망과는 첨예하게 대립할 수밖에 없었다. 그 대표적인 대립의 실례가 1946년 9월 총파업과 10월 민중항쟁[1]이었다.

이 두 사건은 모두 미군정이 해방 후 노동자들의 자주적 움직임과 농민들의 경제적 어려움을 헤아리지 못한 노조 탄압과 양곡수집 정책의 실패에서 비롯되었다. 철도 파업으로 불붙

1) 10월 민중항쟁에 대해서는 역사를 기록하는 입장에 따라 「10월 대구 폭동」, 「10월 사건」, 「10월 항쟁」, 「10월 인민항쟁」등으로 불리우나 본고에서는 「10월 민중항쟁」 으로 표기한다. 이에 대한 연구로는 서중석, 『한국 현대 민족운동연구』, 역사비평사, 1991 등이 있다.

기 시작한 9월 총파업은 점차 출판, 교통, 체신, 토건, 해운, 금속 등으로 번져 나갔고, 10월 대구 지방을 중심한 파업은 전국적으로 확산되어 미군정에 대항하는 10월 민중항쟁으로 폭발하였다. 그러나 이러한 민중들의 자주적 해방을 향한 집약된 힘과 역사 변혁적 욕구는 미군정과 극우 세력들의 테러와 탄압 정책으로 차단되어 독립된 통일 정부에의 꿈도 좌절되고 말았다. 그리고 단순히 한 지역 내 좌익들의 불법적 테러와 반란인 양, '대구 폭동' 으로 축소시켜 현대 사회의 뒷전으로 밀쳐버렸다. 그러므로 오늘날 우리는 해방 공간에서 9월 총파업으로부터 10월 항쟁으로 이어지는 민중들의 해방운동사적 성격을 새롭게 규명해야만 한다. 더욱이 해방 이후 반공주의 노선을 표방하고 선택적으로 미국을 지지해온 보수 우익적 한국 기독교는 이 10월 민중항쟁과 해방 공간에서 펼쳐진 기독교의 건국운동이 갖는 역사적 연관성을 재고하고, 이에 참여한 기독교계의 좌파적 인물들에 대해 올바른 평가를 내려야 한다.

따라서 이번 장에서는 10월 민중항쟁이 기독교 민족 민중운동에 미친 역사적 영향력을 김창준 목사를 중심으로 살펴보고자 한다.

10월 민중항쟁과 김창준

김창준, 이 이름은 1948년 이후 남한의 기독교 역사에서는 잊혀진 이름이다. 왜냐하면 그는 기독교적인 남한을 택하지 않고 반기독교적인 공산정권을 택하여 북조선 인민 공화국 건설에 공헌하였기 때문이다.

그러면 왜 김창준은 북한을 선택한 것일까? 그는 우리가 잘 아는 대로 3 · 1운동의 민족 지도자 33인 중의 한 사람이요, 또한 감리교 신학교의 교수며 목회자였다. 그런데 그가 어떻게 하여 월북하여 그 스스로 무신론이라고 비난한 공산주의 정치 체제를 갖춘 북조선의 정치 노선과 결탁할 수 있었는가? 이것은 그때까지 그가 지켜온 성서적 신앙에 기초했던 민족적인 기독교 운동 노선의 단절과 전환을 뜻하는 것인가? 아니면 보다 심화된 현실 인식에서 비롯된 그 스스로의 기독교 운동 노선의 발전인가?

필자는 김창준의 월북이 단순히 그가 1948년까지 견지해 온 민족주의적 기독교 운동 노선의 단절과 선회라고 보지 않는다. 오히려 그것은 그가 줄곧 추구해 온 기독교 민족운동이 1930년대 이후부터 그가 이론화한 기독교 사회주의의 과학적 틀에서, 10월 민중항쟁을 통해 자각한 민중 현실의 발견에서 이루어진 운동 노선의 발전이라고 본다.

그것은 무엇보다도 그가 1947년 모스크바 삼상회의의 전면적 지지와 민주주의 임시정부 수립을 논의하기 위해 모인 공산주의 계열의 '민주주의 민족 전선' 이하 '민전'으로 약칭에 가담하여 한 인사말에서 명백히 드러난다.

> 나는 기독교인이다. 8 · 15 이후 국제교화협회라는 것을 만들어 가지고 좌우합작에 노력하였으나, 덮어놓고 좌우합작이라는 것은 있을 수 없다는 것을 깨달았다. 그러던 중에 '10월 인민항쟁'을 보았다. 여기서 경제적 공평이 없는 곳에 정치적 평등과 세계 평화가 없다는 것을 깨달았다.[2)]

즉, 그는 10월 민중항쟁 이전까지 그가 추구한 민족주의적 기독교 운동의 이상인 정치적인 민주 체제의 확립을 인식하였다는 말이다. 동시에 자주적인 통일 정부 수립은 식민지 사회의 주요 모순이었던 계급 모순의 극복인 "경제적 공평" 없이는 결코 실현될 수 없다는 것도 인식하였다. 그리고 그는 같은 해 2월 4일 "민전에 참여하는 나의 이유"에서 다시 한 번 자신의 입장을 정리하면서 그의 기독교인됨을 포기하지 않고 오히려 자신의 신앙을 바르게 실천하기 위해서 경제적 공평을 말하는 민권에 가입한다고 그 동기를 적었다.

> 나는 본래 기독교 목사로서 예수 정신을 따라 근로자들

> 에게 더 가까운 친구가 되고자 하였다. 특권 계급의 편으로 서는 것보다 차라리 근로자 속에 들어가 같이 울고 웃고 싶었다. 이 정신이 곧 나를 근로 인민에 기초하는 민전에 가입케 하였다.[3]

김창준에게 있어서 통일된 독립국가의 실현이란 민중 모순의 해결을 우선하지 않고는 불가능한 것이다. 그는 기독교 민족 운동 노선에 계급적 성격을 부여하고, 당파적으로 1947년 2월 24일 "기독교 민주 동맹"을 결성, 좌익의 민중해방 운동에 연대하게 되었다. 그러나 이러한 김창준의 민족 내부에 내재된 계급 모순에 대한 인식과 기독교 운동의 일치는 비록 10월 민중항쟁의 경험에서 구체화된 것이지만 이미 그 이전부터 김창준의 사상 속에 발전적 변화의 단계가 준비되어 있었다고 보는 것이 옳을 것이다.

김창준은 기독교 신자가 된 초기부터 세계 역사를 하나님의 경륜의 장으로 보고 신앙과 민족사의 문제를 진지하게 고민하였다. 그러한 고민의 일단이 식민지 민족의 억압 현실에서 3 · 1독립운동을 통한 기독교 민족 운동으로 이어졌고, 또 30년

2) 「독립신보」, 1947년 1월 30일
3) 「독립신보」, 1947년 2월 5일 김창준과 민전의 정치적 노선에 관해서는 서중석, 위의 책, pp. 550~559를 참고

대에는 그 시대의 상황을 반영하는 기독교 사회주의 이념을 형성하게 하였다. 그러므로 1947년에 그가 취한 민전에의 정치적 선택은 결코 돌연한 것이 아니다. 그것은 그가 처한 현실과 변화하는 상황에 따라 꾸준히 신앙적으로 응전해 온 사상적 노력과 운동 노선의 선택에서 주어진 결과였다. 따라서 우리는 민중주체의 통일을 택한 그의 결정에는 "10월 민중항쟁"의 경험에 이르기까지 발전의 단계가 내재하고 있다는 것을 주지해야만 한다. 그러므로 먼저 그의 사상 발전 단계를 그의 생애의 전개 과정을 따라 고찰해보자.

기독교적 민족운동기1907~1923

제1단계는 그가 유년기를 거쳐 1907년 18세의 나이로 미국 선교사 존 무어John W. Moore에게 세례를 받고 기독교인이 되어, 30세 때 3 · 1운동에 참여하여 옥고를 마칠 때까지다.

우리는 그의 가정과 유년 초기에 대해서는 알 길이 없다. 다만 그가 3 · 1운동 사건에 연루되어 경찰에서 심문을 받을 때 작성된 예심 심문 조서에 그의 학력과 경력의 일부가 소개된 것을 볼 수 있다.

1890년 평안도 강서군 용산면에서 태어났다. 강서군 반암면 기독교 국민학교를 졸업하고 평양 숭실 중학교, 대학교를 졸업하고 동경 청산학원에 입학해 일 년 수업하고 경성 협성신학교에 입학, 동교를 졸업했다.[4)]

위의 기록에서 우리가 알 수 있는 것은 그가 초등학교부터 대학에 이르기까지 기독교 학교를 수학한 점으로 보아, 그는 기독교적 세계관과 신앙의 분위기에서 자랐다는 것이 분명하다는 것이다. 그리고 당시 비교적 자유스러운 신학을 강의하던 청산靑山학원과 협성協成신학교에서 공부한 것은 그가 일찍이 신학적 사고의 훈련과 더불어 폭넓은 학문의 다양한 세계와 시대사조를 예민하게 감지하는 데 도움이 되었으리라고 본다. 그러기에 그는 1차 대전 후 일어난 세계 각국의 민족주의적 성향에 공감하고, 선교사들의 몰역사적인 경향을 비판하며, 3 · 1운동에 능동적으로 참여할 수 있었다.

또한 그가 기독교적 신앙 안에서 가졌던 민족 주체적인 역사 의식은 그가 속한 인사동 중앙 예배당의 주임목사 빌링스Bliss W. Billings와의 관계에서 잘 나타나고 있다. 3 · 1운동 직전 김창준은 이 거사에 참여하게 되면 아무래도 체포되어 교회 일을

4) 이병헌 편저, 『3 · 1운동 비사』, p. 159

볼 수 없으리라 생각하였다. 그래서 그는 빌링스에게 자초지종을 털어놓았다. 그런데 빌링스의 대답은 "어떤 일이나 혈기를 앞세우면 일이 잘못된다. 전도 사업이 많으니 독립운동에는 참가하지 말라"는 것이었다. 이에 김창준은 빌링스를 국가관이 없고, 한국 사정에 동정해 주지 않는 시대의식이 없는 사람으로 공격하였다고 한다. 따라서 그가 세례도 받고 3 · 1운동에 참여하기까지의 기간은 그 자신의 기독교 신앙 속에서 민족의식과 독립의지를 자각하며 식민지적 현실의 모순을 깊이 통찰하던 시기였다. 왜냐하면 이러한 그의 면모가 다음과 같은 경찰 심문조서에 여실히 드러나 있기 때문이다.

> 나는 본래 한일합방이 된 이상 다시 분열되는 것을 바라지 않았다. 그러나 합방 이후 일본인과 조선인의 그 결혼이 사실상 성립될 수 없었고, 그 결과 동화의 결실을 맺지 못하게 되었다. 더욱이 조선 내에서의 조선인과 일본인의 권리 관계는 현저하게 상반됨으로서 차츰 마음 깊이 불만을 품게 되어 이 거사에 찬성하게 되었다.[5)]

즉 그는 이 글에서 한일합방에 대한 자신의 인식의 발전과정을 말하고 있다. 그는 유년 시절 한일합방의 부당성에 대해 크게 의식하지 못하고 자랐다. 그러나 점차로 한 · 일의 평등한 결합이란 일제의 구호에 불과한 것임을 깨닫게 되면서 그는 이 불평등 종속조약인 한일합방을 거부하고 조선 독립을 주장하게 된 것이다. 그리고 그는 이 3 · 1운동을 통한 민족의 독립은 '하늘의 뜻'이라고 믿고 신앙 안에서 된 것임을 거듭 밝히고 있다.

> 나는 이 거사에 참여하게 된 것을 하늘의 뜻이라고 생각하며, 이 계획은 일본과 일본인을 배척하려는 것이 아닌 조선 독립과 영원한 평화를 유지하기 위한 것이라고 생각하기 때문이다.[6)]

따라서 김창준의 3 · 1 운동에의 참여는 단순한 민족적 감정이나 사적 판단에서 되어진 것이 아닌 신앙고백적 결단이었다. 그러므로 우리는 이 시기를 김창준의 기독교적 민족운동기라고 말할 수 있다. 그것은 앞서 살펴본 것처럼 그의 신앙과 민족애가 하나로 얽혀 반일 독립운동으로 표현되었기 때문이다.

5) 市用正明編, 『三一獨立運動』, 原書房, p. 97 사와 마사히코(澤正彦), 『한국 공산주의와 사회윤리: 김창준 목사 생새와 사상을 중심으로』 p. 162에서 (홍근수, 『한국 사회의 윤리 동향』, 한울, 1988 재인용)

6) 市用正明編, 『三一獨立運動』, 原書房, p. 352

기독교 사회주의 이념 정립기 1932~1946

김창준은 1920년 10월 30일 경성 복심 법원에서 보안법 위반과 출판법 위반으로 2년 6개월의 징역형을 선고받고 복역한 후 1922년 출옥하였다. 그리고 1924년 미국의 시카고 게렛 신학교와 노스웨스턴대학에서 신학의 기초 과목과 농촌 지도력, 사회 이론을 3년 동안 공부해 두 대학에서 신학사와 문학사 학위를 받고 26년 12월에 귀국하였다. 이 두 대학에서 수학하는 동안 그의 신앙과 신학이 어떠한 변모 과정을 거쳤는지는 분명하지 않다. 다만 그가 귀국하여 발표한 글들의『신학세계』에 발표된 1933년 이래의 글 논조를 보면 그가 1920년대 미국의 사회복음주의 사상Social Gospel Movement의 영향을 받지 않았는가 하는 점을 추정할 수 있다. 왜냐하면 그 당시 미국 신학계의 전반적인 분위기가 근대화와 산업사회 형성의 여파로 성령부흥운동이 어느 정도 약화되고, 사회정의와 공동체성을 강조하는 라우센부쉬W. Rauschenbusch의 사회복음이 점차 고조되어 갔기 때문이다.

하여튼 그는 1932년 7월부터 모교인 감리교 협성신학교의 시간강사로 있으면서 본격적으로 그의 신학사상을 이론화하는 작업을 시작하게 된다. 1932년부터 40년까지 『신학세계』에 발표한 주요 논문들은 아래와 같다.

"맑스주의와 기독교" 1932. 7

"매소부賣笑婦와 기독교의 급선무" 1933. 12

"조선의 천국天國운동을 어떻게 할까" 1934. 1. 12

"이사야 8강" 1934. 7

"교회 조직의 이상" 1934. 9

"주가酒家의 선교문제" 1935. 3

"현대 문명은 몰락할 것인가" 1935. 3

"교회에 대한 충성" 1936. 12

"예수의 사회훈社會訓" 1937. 7

"개인 전도법" 1937. 9

"예수의 삼본주의三本主義" 1940. 5

그 외에도 설교와 감상문 등이 여럿 있다. 이 시기 김창준의 글들에서 보이는 중심 주제는 위의 논문 제목에서도 암시하듯이 현대 사회의 제반 모순과 병리현상들에 대한 관심과 이에 대한 기독교 선교의 과제들에 대한 것이다. 그리고 그의 글 가운데서 무엇보다 더 중요한 것은 그가 기독교적 사회주의 이상을 마르크스주의 이상과 대조하여 논구하고 있다는 것이다.

1932년 첫글로 발표한 "맑스주의와 기독교"에서 김창준은 그 시대 신학자들 중에는 드물게 매우 해박한 마르크스주의 이론에 대한 지식을 가지고 마르크스의 '종교론'을 비판적으로 분석해내고 있다. 그러나 이 글에서 특이한 것은 그가 호교론적으로 마르크스의 종교론을 배척하는 것이 아니라는 것이다. 그는 기독교는 '개인' 주의가 아닌 '사회' 주의라고 말하며, 마르크스가 비판하는 신앙을 미신과 구별지으며, 마르크스 이론의 적극적인 면을 긍정적으로 받아들여 기독교의 사회 이론을 보충하고 있다일례로 사회 문제와 물질 등.

하지만 그는 결코 마르크스주의를 기독교 사회주의와 혼동하여 기독교 선교 이념의 핵심을 상실하지 않았다. 특히 이 글의 '계급투쟁과 폭력' 의 항에서 그는 마르크스주의와 기독교 사회주의를 대조하여 말하고 있다.

> 맑스주의는 계급의 이익 위에서 계급적 지배계급을 향하여 투쟁을 주장한다. 수단 방법에 있어서는 혁명적 폭력을 말한다. 그러나 기독교는 개인적으로든 단체적으로든 모든 악을 향하여 투쟁을 하되, 방법은 십자가로서 개인의 심중이나 단체 속에 있는 죄를 소멸코자 하는 것이다.7)

따라서 김창준의 기독교 사회주의는 마르크스주의의 강조적인 계급적 차별성을 무시하고, 죄의 보편성을 들어 그들 모두를 구원하는 형제애적인 영적 구령운동이다. 그것을 그는 그 이듬해에 쓴 "조선의 천국운동을 어떻게 할 것인가"에서 '하나님 나라 운동' 이라고 보다 분명히 말한다.

> 기독교 천국운동은 전 인류를 상대로 해, 그들을 죄악

에서 구원하고 그리스도 안에서 하늘의 아버지와 화합케 해, 하늘에 계신 아버지와 한 가족으로 성립하려는 운동이다.8)

그리고 이와 같은 그의 기독교 사회주의 이념은 구체적인 한국 사회의 선교 사례들매춘부와 술집들 등에 대한 분석과 성서 연구이사야서를 통해 보다 명료한 논리적 정합성과 실천성을 갖추어 나갔다.

김창준은 매춘부와 술집 등 사회악의 문제를 단순히 도덕과 윤리적 차원에서 보지 않고, 사회 경제적인 구조의 문제로 보고 접근한다. 그래서 그는 통계학적인 방법을 통해 매춘의 원인을 캐고 보다 현실적인 해결책을 제안한다.

위의 조사표에서도 보았지만 매음녀의 한 큰 원인은 생활난에 있다. 이 문제를 해결하려면 사회 제도를 근본적으로 개혁하여야 할 필요가 있지만, 우선 이 제도에서라도 일반 노동자의 임금에 대하여 생활하여 나갈 만큼 임금을 주지 않으면 안 될 것이다. 남자나, 여자나, 기술자나, 무기술자나 할 것 없이 임금 최저 한도를 누구에게든

7) 김창준, "맑스주의와 기독교", 『신학세계』(1932년 7월). p. 56
8) 김창준, "조선의 천국운동은 어떻게 할까", 『신학세계』(1934년 1월) p. 17

지 생활하여 갈 만한 정도에서 정하고 그 후로는 역량을 따라 더할 것이다. 그리하여 이 사회에 이와 같은 매소부의 악습을 방지할 것이다.[9)]

이와 같이 김창준은 사회적 관심과 통찰력을 가지고 한국 사회와 교계에 대한 분석과 성서의 사회적 해석을 통하여 사회 문제의 해결 방안을 모색한다. 그리하여 이사야 강의에서 김창준은 이사야서를 '사회적 묵시'로 해석하고, 기원전 8세기의 예언적 말씀에서 오늘 현재 기독교의 선교 과제와 그 해결안을 이끌어내고 있다.

그러므로 오늘날 기독교가 사회적 복음을 어떻게 선포할 수 있을까. 전세계 기독교인이 5억 5천6백만이나 되나 세계의 전쟁을 막을 힘이 없는 이유가 어데 있는가… . 개인적 죄악과 사회적 죄악은 다같이 패멸한다. 사회적 죄악을 물리쳐라. 사회적 양심을 발달시켜라.[10)]

따라서 이 시기에 김창준은 전 단계의 기독교 '민족운동가'에서 가졌던 외세에 대한 민족의 독립문제보다 민족의 내부에 형성된 민중 모순의 문제를 보다 냉철하고 과학적으로 바로 보고 이를 존속시키려는 구조적 현실에 눈을 떠가게 되었다.

그리하여 그는 근로자의 임금 문제, 자본의 회전, 사회악

등이 교회의 선교와 무관한 것이 아니라고 말한다. 영혼의 구원과 사회의 구원은 마치 "기차의 양륜兩輪같이 육신이 있는 인간의 사회에서 항상 공존"하는 문제다. 또한 그는 기존의 한국교회가 교회와 사회 사이에 담을 쌓고 사회적 문제에 무관심해 온 것을 지적하고, 교회 선교의 과제를 다음과 같이 재정의하고 있다.

> 어쨌든 교회 담임자나 교회 전체가 먼저 할 것은 교회와 사회와의 큰 담을 헐고, 도시는 도시 전체, 농촌은 농촌지역을 상대로 해 모두가 전체적으로 천국운동을 할 것이다. 교회 안에서 할 것이 아니라 교회는 성신의 힘을 얻어 그 사회 전체를 대상으로 해 구원운동과 사회운동을 겸해 하지 않으면 안 될 것이다.[11]

이처럼 이 시기의 김창준의 기독교 사회주의는 그 이론에 있어서는 어느 정도 과학성과 철저성을 주장하고 있지만, 그 실천에 있어서는 아직도 그가 영향받은 웨슬레적 사회 개량의 차원을 넘어서지 못하고 있다. 그것은 앞서 논한 그의 글들 가운데 전반적으로 담긴 흐름인데, 특히 1937년에 쓴 "개인 전도법"

9) 김창준, "매소부와 기독교의 급선무", 『신학세계』(1933년 12월) p. 75
10) 김창준, "이사야 8강", 『신학세계』(1934년 7월) p. 33
11) 김창준, "조선의 천국운동은 어떻게 할까?", 『신학세계』(1934년 1월) p. 17

에 뚜렷이 나타나고 있다.

> 예수께서는 인류 전체를 구원하시려고 오셨는데, 그의 전도 방법은 개인 전도를 먼저 시작하시었다. 주님께서는 12제자를 부르실 때에는 하나씩 개인 전도로 부르셨다. 안드레가 자기 형 시몬 베드로에게 전도하였으며 빌립이 나다니엘에게 전도하였다. 인류에게 깊은 영감을 주기는 개인적 감화에 더 지남이 없을 것이다.[12)]

따라서 그에게 있어 기독교 사회주의의 실천은 개인으로부터 시작한다. 그는 마르크스 사회주의의 결정적 결함의 원인을 "개인"을 "전체"에 용해시킨 데서 찾고 있다. 이것은 김창준의 기독교 사회주의가 아직도 근본적으로 소시민적 개인주의에서 전체 민중해방의 실천 전략으로까지 나아가지 못하고 관념성에 머물고 있다는 것을 증명한다.

기독교적 민중해방의 실천기[1947~]

1940년 교직을 물러난 김창준은 해방이 되기까지 '침묵' 상태로 경기도 양주 땅에 칩거하고 있었다.[13)] 해방 후 그는 종교인으로서 조국 건국운동을 위해 활발히 뛰었지만, 그의 생각은 좀처럼 보수 우익화된 기독교계에 먹혀들지 않았다. 더욱이 미군정 하에서 그가 가진 기독교적 사회주의 노선의 자주적 통일 정부 수립에 대한 기대는 완강히 거부되고, 모든 민족 · 민중 세력이 배제된 채 친일 매판 세력들에 의한 반민주적이고 반민중적인 단독정부 수립에 박차가 가해지고 있었다. 이 때 그는 이러한 미군정의 점령 정책에 반대해 들고 일어난 교원 총파업으로부터 10월 인민 항쟁에 이르는 일련의 민중 주체의 통일 정부 수립의 열망에 공감을 하고, 이를 지도하는 좌익 계열과 연대하게 되는 것이다. 그리하여 김창준은 47년 1월 민전에 가담하고 그들이 내건 현실 인식에 동조하였다.

> 첫째 독점자본, 금융자본은 미 · 영을 중심으로 하고 국제적으로 일층 공고히 결합되어 있는 것. 둘째는 전후 자본주의의 중대한 위기를 각오한 독점자본과 특권 지배층은 그들의 유일한 활로로, 파쇼 형태의 세계적 체제의 재형성을 맹렬히 책동하고 있는 것.

12) 김창준, "개인전도론", 『신학세계』(1937년 9월) p. 57

13) 다른 자료(선우학원 · 홍동근 공저 '주체사상과 기독교' 등)를 종합하면 그는 북만주 변강성에서 긴 망명(또는 항일운동) 생활을 마치고 해방 직전에 귀국한 것으로 보인다. 『한겨레신문』, 1991년 8월 16일자, p. 7

그리고 그는 곧바로 민전의 강령을 따라 민전의 부문운동으로 기독교 민주동맹을 2월에 결성하고 반파쇼, 반독점의 민중 주체의 통일을 이루기 위해 기독교 민중 해방 운동을 전개하였다. 그런데 이러한 사상적 전환의 동력이 되었던 것은 앞서 말한 대로 10월 민중항쟁이었다. 여기서 김창준은 비로소 그가 이전까지 지녀왔던 기독교 사회주의의 이상인 하나님 나라의 실현과 민중 주체의 통일 정부의 건설은 결코 계급성을 떠난 교회의 선교와 사랑의 실천만으로 이룩될 수 없다는 것도 깨달았다. 그리고 역사의 주체로서 민주적 변혁과 독립된 통일 정부를 세우려는 민중의 힘과 해방의 열망을 보았던 것이다. 이러한 과정을 통해 피상적 차원에 머무르던 그의 경제적 공평에 대한 의식은 구조적이고 제도적인 지평으로, 나아가 민중이 기초가 되고 주체가 되는 국가 건설을 추구하는 데까지 나아간다.[14]

따라서 그는 민전의 이념에 동의하며 민중 해방의 실천으로 기독교 민주연맹을 통해 본격적인 정치 투쟁에 들어갔다. 그래서 그는 그 자신이 의장단으로 속한 민전 확대 중앙위원회에서 아래와 같은 사항을 대외 투쟁의 목표로 내걸었다.

> 민전 확대 중앙위원회 결정서
>
> 1. 제2차 세계대전 후 세계는 민주 진영과 반동 진영의 투쟁이 벌어졌으며 반동 진영은 식민지 해방에 반대한다.
>
> 2. 현재 인민적 민주주의는 독점자본주의적 반동 세력

과 과감한 투쟁을 전개하고 있다.

3. 반동은 새로운 대전을 도발하고, 민주진영은 평화와 민주 건설을 위하여 매진하고 있다.

(중략)

10. 삼상 결정을 같이 결정한 미군정은 이 결정을 지지하는 민전을 배격할 이유가 없다. 미군정이 삼상 결정만 실천한다면, 민전은 이것을 환영하고 적극 협력할 것이다.

그러나 그의 기독교 민주 동맹은 제대로 활동도 개시하기 전에 극우 보수적인 청년단체들과 기독교 세력들의 방해 공작과 테러로 해체의 위기를 맞지 않을 수 없었다.

그러던 중 김창준은 1948년 4월 '단독선거와 단독정부 수립' 에 반대하는 남북조선 제 정당과 대중 단체 대표자 연설회의에 참석하기 위해 평양을 방문하게 되었다. 그리고 거기서 그는 김일성 주도 아래 공산당이 이룩하는 북조선 인민공화국의 건설과정과 그들이 표방하는 주체사상에 동의하고 자신의 정치노선을 그곳에 합류시켰다.[15] 그리하여 그는 북조선최고인민회의 상임위원으로 종교 활동을 통해 인민 공화국 건설에 참여하게 되고[16] 이후 한국전쟁 당시에 북조선 공산당의 종교 정책 대변자로, 그리고 최고인민위원회 부의장, 조국 건설 중앙의장 등을 역임하면서 북한의 정치와 사회 활동에 많은 공적을 남기게 된다.

하지만 우리는 이와 같이 객관적으로 알려진 그의 경력

사항과는 달리, 1948년 이후의 그의 기독교 사회주의 이념의 변화와 추이를 전혀 알 길이 없다. 과연 북조선 인민 공화국이 그가 염원한 민중 주체의 통일 국가를 향한 정치 체제였는가?

그것에 대한 평가는 좀더 후에 통일된 역사 지평에서야 가능할 것이다. 그러나 김창준의 생애와 기독교 운동의 과정에서 분명한 사실 하나는 그가 '10월 민중항쟁'을 통한 민중 현실에 대한 자각과 경험으로부터 민중 주체의 통일의 길을 선택하고, 그의 실현을 위한 기독교적 민중 해방의 실천에 투신하였다는 점이다.

14) 김홍수, "김창준의 생애와 신학", 『일제하 한국기독교와 사회주의』(서울 : 한국기독교역사연구소, 1992), p. 226

15) 김홍수는 그의 월북이 이미 그의 신학사상 속에서는 용인될 수 있는 것이었다고 본다. 그는 김창준이 "예수는 사회주의나 제정주의나 민중주의 등의 여하를 형식에 관하지 않고 그의 사회훈의 근저에 있는 협애, 봉사, 희생의 원칙을 실현키 위하야 모든 제도를 용인한 것은 확실하다"고 말하고 있는 점에 주목한다. 그러므로 어떤 정치 체제를 불문하고 그것이 형제의 합일, 인류 생활의 합일을 가능케 하는 "가족적 정치"가 된다면, 그것을 수용하는 것이 예수의 입장이라는 말은 바로 김창준 자신의 입장이었을 것이며, 그러한 생각은 후일 그가 남한의 정치 체제를 버리고 이북의 사회주의 정부를 택하는 것으로 구체화되었을지도 모른다고 본다. 김홍수, 위의 책, p. 219

16) 김창준의 월북 시기인 1948년을 전후한 시기에 북조선인민위원회는 통일전선을 내세워 기독교도연맹을 중심으로 한 진보적 기독교 세력을 후원하면서 그들과의 연대를 시도하였다. 김일성은 1948년 초의 노동당 2차 대회에서 "친미적이며 지주적인 장로 · 목사들"을 강도 높게 비판하면서도 여전히 "(노동)당의 선전사업 및 교양 사업을 강화"하는 과제가 우선적임을 강조함으로써 기독교인들에 대한 공격에서 보다 조심스럽고 유연한 입장을 취하였다. 한국기독교역사연구소 북한교회사 집필위원회, 『북한교회사』, 한국기독교역사연구소, 1996, p. 407

제2장

해방 공간에 세울 하나님 나라의 건설에 앞장 선 최문식

10월 민중 항쟁과 최문식

1920년대 일제 식민지 시대부터 현실 인식과 민족 독립노선을 공산주의와 달리했던 한국 교회는 8 · 15 해방 후 한반도를 분할 점령한 미 · 소의 식민통치 노선의 갈등 속에서 공산주의와 서로 적대적인 위치에 서게 된다. 특히 소련의 레닌주의Leninism의 지도를 받으며 세워지던 이북의 인민민주주의 공화국의 건설 과정은, 토지 개혁과 이념 투쟁으로 많은 대지주들과 자본가인 기독교인들을 이남으로 내몰았다. 그리하여 해방 정국에서 이남의 기독교권이 갖는 공산주의에 대한 피해의식과 이념적 적대감은 그후 1950년 한국 전쟁을 거치면서 더욱 강한 반공주의Anti-Communism라는 이념적 폐쇄성과 이에 반비례하는 자본주의 체제로의 배타적 선호성을 띠게 된다.

이러한 역사적 배경을 가지고 형성된 한국교회의 이념적 성격은 그 후 계속 이어지는 한국 현대사에 있어 그 관점의 제한성으로 말미암아 일제 식민시기로부터 해방이 가져온 분단이란 민족적 과제와 민중적 모순들을 명확하게 보고 이에 대처하는 방안을 제시하지 못하였고, 오히려 현실화된 분단 구조와 민중 모순들을 정당화하고 이를 확대시키는 메카시즘적 정치 이데올로기로 일정 부분 기능 해왔다.

이미 1945년 해방 후 전면화된 한국교회의 이념적 폐쇄성으로 인해 건국 과정에서의 기독교 일각의 좌파적 실천과 노선은 그 정당성과 가치를 인정받지 못했다. 따라서 해방 후 건국 과정에서 선진적 민족주의 성향을 가지고, 좌파 계열의 공산주의와 연대하며, 민중 주체의 자주적 통일 국가를 지향했던 숱한 기독교계 인물들이 완전히 공산주의자로 매도되고, 교회 역사에서 흔적도 없이 삭제되어 버렸다.

최문식 목사, 이도 그들 가운데 하나다. 남달리 출중한 지도력과 현실에 대한 폭넓은 인식을 가지고 1946년 대구를 중심으로 경북에서 일어났던 10월 민중항쟁을 이끈 주역이지만, 그것은 "패배한 혁명"이었기에 그는 결국 빨갱이 목사로 정죄되어 현대사와 교회사의 뒤꼍으로 치워진 이름이 되었다. 단지 생존한 몇몇 혁신계 정치 인사들과 기독교계 원로들의 희미한 기억과 10월 민중항쟁을 재조명하는 역사가들의 연구에서 간략하게 언급될 뿐이다. 그것도 분단 40년 동안 동 · 서의 냉전 구조 속에서 금기시된 공산주의 목사로서 말이다. 그러면 그는 정말 목사임을 포기한 공산주의자였는가? 그렇지 않다면, 그는 앞서 지적한 한국 교회의 이념적 성격상 전혀 공유될 수 없는 목사[기독교]와 프롤레타리아 혁명론자[공산주의] 라고 하는 이질적인 구도 속에서 어떻게 10월 민중항쟁을 이끌어 갈 수 있었겠는가?

이러한 문제의식을 가지고 필자는 8 · 15해방 이후 전개된 해방 정국의 현안 과제들과 이 과제들을 풀어가려는 대구 지방 정치의 진행 과정 속에서 최문식이 주도한 10월 민중항쟁과 기독교 사회주의자로서 최문식의 역할 및 신학사상을 논구하고자 한다.

해방 정국에 주어진 과제들

제2차 세계대전에서 승리한 연합국 측 전리품으로 얻어진 한반도의 해방은, 일제로부터 자주적으로 해방을 쟁취하지 못한 민족적 역량의 한계와 이를 빌미로 38도선 이남과 이북을 세계 지배 질서 속에 편입시키려는 미 · 소의 대립과 각축 속에 일제 36년 간 축적되어 왔던 반[半]식민지 자본주의적 모순들을 일제히 드러냈다. 그 가운데서도 핵심적인 것은 토지개혁과 친일파 처리, 그리고 새로운 국가 건설의 변혁 주체와 남북의 통일 문제였다.[17] 이것들은 모두 일제 식민지 유산으로, 혹은 미 · 소 연합국의 제국주의적인 한반도 분할 정책에서 빚어진 것들로서 이 과제들의 해결 없이는 진정한 민족해방을 이룩할 수 없었던 것이다. 그래서 해방 정국의 정치지도자들은 각기 자신들이 설정한 현 단계 사회 인식과 그에 뒤따르는 현안 문제들에 대한 정책 방향을 아래와 같이 제시하였다.

과제 / 계파	현단계 인식	변혁 주체	토지개혁	친일파 처리	남북통일
여운형계 (인민당)	부르즈와 민주주의 혁명	민중 (지주)	△	○	○
박헌영계 (공산당)	=	프롤레타리아	○	○	○
백남운계 (신민당)	연합 신민주주의	민중과 민족 자본가	○	○	△
김구계 (한독당)	자주독립 민족국가	범 민족	×	△	○

○=적극, △=온건, ×=불명확

즉 이들 정치가들은 기본적으로 친일파 제거를 공감하고 통일정부의 수립을 열망하였다. 특히 김구는 어떠한 현안 문제보다도 미 · 소에 의한 남과 북의 분단과 예속에서 벗어나 이념과 계급을 넘어서는 민족에 근거한 통일을 주장하였다. 반면 현 단계를 부르주아 민주주의 혁명 단계로 보는 여운형과 박헌영은 통일을 현안 문제로 보기는 하지만 김구와는 달리 이 통일이 누구에 의해서 어떻게 되어져야 하느냐 하는 점에서 그 노선을

17) 이에 대해서는 박현채, 강만길 외, 『해방 전후사의 인식』(서울 : 한길사, 1985) II, III권을 참조하라.

달리하였다. 왜냐하면 이들에게 있어서 통일은 일제 식민주의의 잔재인 지주-소작제의 폐지와 민중 모순을 해결하는 데서부터, 그리고 그 변혁 과정의 주체 세력을 중심으로 하여 이루어야 할 과제였기 때문이다.

현 단계를 신연합보수주의로 규정하는 백남운은 토지 개혁과 이를 통한 지주 소탕을 주장하면서 사회변혁이 프롤레타리아 혁명 단계로 나아가기 위해선 먼저 자본가 계급과 무산 계급이 연합전선을 형성할 것을 촉구하였다. 따라서 이상과 같은 해방 정국에서 건국을 준비하는 제 정당의 현 단계 인식과 현안 문제점에 대한 해결 방안을 종합해 볼 때, 이들은 모두 8 · 15 해방은 일제의 반봉건적 잔재 모순과 미 · 소의 분단 구조 속에서 제 2의 해방으로 이어져야 한다는 혁명의식을 공유하였다.

대구 정가와 민중 현실의 대두

1945년 이후 전개된 해방 공간에서 일찍이 지방자치적 기반을 조성한 대구는 과도적 건준을 발전적으로 해체하고 경상북도 인민위원회를 11월 16일 결성하였다. 이것이 대구 지방 정치의 첫걸음이다. "조선의 모스크바"라 불리웠을 만큼 일제하에서 활발한 민족독립운동을 전개한 대구 지방의 좌익 계열

인사들이 중심이 된 이 날 도인민위원회 구성은 이상훈을 위원장으로 하고 최문식내무부장 겸임과 채충식전신간회 대구지회간사이 부위원장으로 인선되어 대구 지역 사회의 존경받는 인물들이 대거 천거되었다.[18] 그리하여 조직이 완료된 경북 도인민위원회는 중앙위의 정강인 첫째, 완전 자주 독립국가 건설 둘째, 일제 잔재와 봉건 잔재의 일소 셋째, 노동자 · 농민의 생활 향상을 내걸고 정치 활동에 들어갔다. 그 중 맨 먼저 착수한 것이 『대구시보』의 발행이다.

10월 3일 개천절을 택해 창간된 『대구시보』는 해방 후 최초로 발행된 우리말 신문이다. 이것은 무엇보다도 해방 정국의 정치 동향을 알리고, 경북 도인민위원회 정치 노선을 반영하여, 민중들을 건국의 변혁 주체로 계도하는 데 그 목적이 있었다. 그러나 이 『대구시보』는 1945년 12월 31일 "신탁통치 반대, 군정 한인 관리 총사퇴"란 제하의 기사로써 미군정에 대해 비판적인 자세를 갖자, 정간 처분이 내려졌고, 그 후 얼마 안 되어 운영권을 박탈당하고 말았다.

다음으로 이들은 10월 24일 노동조합 대구협의회를, 11월 27일에는 전국 농민조합 경북연맹, 1946년 3월부터 총동맹 경북 연맹을 결성하고 민중들을 조직화하여 나갔다. 그러한 조직

18) 위의 책, p. 125

가운데서도 대구의 치안 공백을 메우기 위해 10월 26일, 국군 준비대 경북 사령부를 조직하고 치안 관리와 농촌 봉사 등 활발한 움직임을 갖다가, 이듬해 초 미군정의 해산령으로 해체되고 말았다.

그러나 이러한 좌익 계열의 앞선 자치구 형성 이후에야 중앙의 우익 활동에 영향을 받아 형성된 우익연합체는 1945년 11월 7일, 해방 후 급조된 경북 치안유지회를 모체로 조선독립 경북촉진회를 조직한다. 이들은 건국 과정에 뒤늦게 참여한 이승만의 노선을 지지하며, 우익 여섯 개 정당과 기독교 협회가 참여하여 결성하였지만, 도인민위원회처럼 대중적 지지를 받지 못한 이익 단체들의 연합회적 성격이 강하였다. 그렇기 때문에 대구를 중심한 경북 지방 정치에 있어서 해방 직후 우익의 역할은 미미하였다.[19]

하지만 이들은 45년 10월 29일, 미군정이 본격적으로 시작된 이후 구성된 '행정고문회'에 대거 진출하면서, 친일 부역자들과 함께 대구 정치의 실세로 등장한다. 바로 여기에서 미군정의 점령지 통치 정책의 본의가 노출됨과 동시에 대구 지방 정치의 비극이 배태되었던 것이다. 왜냐하면 미군정은 그들의 진입 이전에 민중의 지지기반 위에 세워졌던 좌익의 조직과 결사들을 부정하고, 일제 하의 관료 및 경찰을 유지 · 강화하고 우익 계열에 편중된 행정고문회를 수립하는 등 친일 · 매판 세력들을 재등용 시킴으로 민중과 좌익계 인사들의 해방의 열망을 좌절

시켰다. 또한 한반도에서 자국의 이해 관철을 위한 '현상 유지'를 목적으로 하고 있었던 미군정은 대구 지역에서도 지역의 자치적인 치안 관리 활동을 부정하고 강압적, 폭력적인 경찰력을 재건, 동원함으로써 민중의 권익을 대변하는 노동자 농민들의 자주적 조직과 활동을 폭력으로 파괴하고 이들의 운동을 정치의 장에서 배제시켜 나갔다.

군인, 경찰, 테러단에게 살해된 자가 300여 명, 그 외에 행방불명, 부상, 검거 및 투옥된 자가 수 만 명에 이르는 10월 민중항쟁의 직접적 발발 원인은 조선노동조합전국평의회이하 전평, 全評의 "남조선 총파업 투위" 지도 아래 1946년 9월 24일부터 돌입한 대구의 철도, 우편 파업에 대한 군대와 경찰, 그리고 테러단의 강경하고 폭력적인 대응이었다. 그러나 이것이 대규모 민중항쟁으로 확산된 보다 근본적인 이유는 민중의 생존권을 책임지는 미군정의 토지개혁 실시 지연과 이에 연관된 식량 정책의 무계획적인 시행에 있었다.

토지개혁, 적산불하 등 해방 후 남한의 경제적 문제에 대한 미군정의 입장은 미국 중심의 자본주의적 세계 질서 재편 과정에 남한이 편입될 수 있도록 경제 구조를 개편하는 것이었다. 남한에 공산주의의 방벽을 구축하는 것은 미군정의 일관된 점령

19) 김남식, 한홍구, 이정식 엮음, 『한국 현대사 자료 총서 6』 (서울; 돌베개, 1986), p. 356

목표였으며, 이를 위해서는 남한 내에 정치적 동조 세력이 필요했다. 이 동조 세력들이 바로 일부 대지주 계급과 매판적 상공인이었다. 이들은 대개 일제 시기에 친일 지주 내지 민족개량주의적 부르주아였다. 미군정은 이들을 비호 내지 지지하면서 토지개혁이나 적산불하가 이들에게 유리하게 진행되도록 했다. 해방 이후 일인 소유의 토지와 적산을 수합한 미군정의 신한新韓공사는 귀환민들과 소작인들에게 이것들을 공정히 분배하지 않고, 일부 친미적 자본가들에게 전부 넘겨 버렸다. 뿐만 아니라 소작율의 인하가 제대로 시행되지 않아, 1946년에만 경북 안에서 1,552건의 소작 쟁의가 발생하였다. 토지개혁과 적산불하 등 남한의 경제 구조 개편 문제에 대한 미군정의 반민중적 입장은 대구 · 경북지역 민중의 광범위한 저항을 예고하고 있었다.

이런 정황에 미군정은 민중의 생활고를 전혀 고려치 않고 식량의 자유매매와 자유곡가제를 실시하였다. 따라서 쌀은 지주와 상인들이 매점매석하고 쌀값은 폭등하여 쌀 1되조차 제대로 구할 수 없었다. 그러자 미군정은 46년 2월에 '미곡 수집령' 군정청 법령 제45호을 내려 국미國米라는 명목으로 강제 수집과 통제 배급을 실시하였다.

그러던 중, 3월에 미군정은 미곡 불법 운반과 자유 매매를 금지하였다. 배급이 제대로 안 되는 상태에서 자유 매매로 불법으로나마 유입되던 쌀이 공급되지 않자 민중들의 원성과 불만이 높아져 갔다. 이에 엎친데 덮친 격으로 6월 들어 더위와 함께 콜레라의 전염으로 교통까지 차단되자 조금이나마 반입되던 식량이 줄어들어 수백 명의 아사자를 내었다. 따라서 민중들은 그들의 생존권과 자유를 찾기 위한 투쟁 대열에 굶주린 배를 움켜잡고 가담하지 않을 수 없었다. 이것이 앞선 전평의 파업과 학생과 좌익 인사들의 지도력과 결합하여 미군정에 대해 반기를 들고 '10월 민중항쟁' 으로 분출된 것이다.

10월 민중항쟁과 최문식의 정치 노선

최문식이 기독청년을 중심으로 민족독립운동을 주도하다 일경에 검거되어 처음 신문 지상에 오른 것은 1933년이다. 그러나 그는 그 이듬해 가을, 대구에서 대구 노동자 소비조합 결성을 준비하던 중, 몇 년 전의 "기독교 사회주의 비밀 결사 사건"의 주모자로 재 검거되어 옥고를 치른다. 그리고 출옥한 후 평양장로회신학교에 입학, 1939년평신34회 53명의 동기생들과 함께 졸업하여, 바로 그 해 가을 목사 안수를 받고 대구에서 목회를 시작한다.

1944년 해방 전에 그는 경산군 고경면 매호동에서 과수원을 경영하며, 여운형과의 접촉을 통하여 여운형이 중심이 된 '건국동맹' 에 참여하고, 건국동맹 경북지부를 수립하여 활동하게 된다. 이때부터 최문식은 좌파적 정치 노선을 가지고 민족운동에 참여한다. 그러다가 해방 후 앞서 밝힌 경북 도인민위원회 부위원장으로 여운형이 이끄는 인민당에 소속되어 대구 지방 정치에 혁혁한 일들을 수행한다. 『대구시보』의 편집국장과 반탁투위의 임시의장으로 미군정의 실책에 대한 비판과 신탁 관리 반대 투쟁을 하며, 자유독립을 홍보하고 좌우 합작을 주선하기도 한다.

그러나 최문식은 신탁 문제에 있어 좌 · 우익의 여러 세력들이 형성한 공투위의 내무위원장으로 활동하던 과정에서 조선공산당을 비롯한 좌익 세력이 삼상회의 지지노선으로의 입장변화를 따라 찬탁으로 노선을 바꾸면서 이 일로 인해 모처럼의 통일전선이 와해되는 것을 못내 안타까워 하였다. 왜냐하면 그는 찬탁을 지지하는 좌파 계열에 소속되어 있었지만, 박헌영이 이끄는 조선공산당 계열과 달리 교조적으로 우익과의 절대적인 비타협적 노선을 견지하지 않고, 인민당이 지향했던 민중과 중산층이 연합하여 통일 노선을 이루는 혁명 노선을 추구했기 때문이다.

당시 인민당의 정치 노선은 기본적으로 같은 좌익 진영에 속해있었던 조선공산당과는 달리 건국을 위한 변혁 운동 세력의 범위를 매우 광범위하게 설정하고 있었다. 친일파 민족 반역자나 극좌, 극우의 편향자를 제외한 전인민의 참여에 의해 건국을 위한 통일전선이 꾸려져야 한다고 주장하였다. 또한 당수였던 여운형이 1946년 9월에 평양을 방문하여 김일성, 김두봉 등과 만나 밝힌 바대로 극좌모험주의적인 폭동에 대한 반대 의사를 가지고 있었다. 이러한 인민당의 정치적 입장은 대체로 당에 참여하고 있던 최문식에게 영향을 미쳤음이 분명하고 10월 항쟁의 과정에서의 최문식의 결정과 행동에도 반영되었다고 할 수 있다.

이러한 점은 그가 '10월 민중항쟁'에서 보인 지도력과 활동에서 드러난다. 1946년 10월 1일, 도청에서 기민飢民데모가 한창이던 오후, 역광장에서는 100여 명의 무장 경찰대와 노평勞評 산하 수천명의 파업 노동자들이 "쌀배급", "일급제 반대", "박헌영 선생 체포령을 취소하라"는 구호를 외치며 위기 상황을 맞고 있었다. 이때 최문식을 비롯한 윤장혁, 손기채 등이 나가 선동 연설을 하고, 이에 자극을 받은 이들이 대규모 집단 행동에 돌입하였다. 이때 향방을 알 수 없는 곳에서 날아온 돌멩이 하나가 경찰 측에 던져지자 경찰의 무차별 발포가 시작되었다. 그리하여 수많은 노동자가 다치고 그 중 한 명이 숨졌다. 이 사망자의 시체가 그 이튿날, 대폭발의 도화선이 되어 5만여 명이 넘는 민중들이 들고일어났다.

그러나 정작 이 항쟁을 선동하고 주도한 최문식은 점차 이 항쟁의 여파가 경상북도 내로 퍼져가며 수많은 살상과 처절한 피의 보복이 일어나는 것을 보고, 사건의 지나친 확대를 막고 민중의 요구 사항을 관철시키려는 의도에서 중재에 나선다.

그래서 최문식은 우선적으로 경찰의 무력 진압을 만류하려는 생각으로, 당시 대구서장 이성옥을 설득하였다. 그는 군중들을 책임지고 해산시킬 것을 약속하고 경찰의 무장을 해제시켰다. 또한 최문식은 미군의 계엄령 선포와 무장 탱크의 시내 진입을 바라보며, 미군정과 사태 수습을 위해 협상에 나섰다. 미군정 초기부터 대구 민중의 식량 문제, 콜레라 대책 등 좌우익을 대표하여 미군정과 상대해온 그는 협상의 과정에서 10월 3일 눈물맺힌 선무방송을 하게 된다.

> 시민 여러분, 이 불행한 사태를 자아내지 않으면 안 될 이유가 어디 있습니까? 동족 유혈의 참극을 연출한 이유가 어디 있습니까? 참으로 슬픈 일이고 불행한 일입니다. 시민 여러분 흥분된 오늘의 사태를 수습합시다. 경찰관은 우리의 경찰입니다. 적대시하지 말고 힘을 합하여 건설에 노력하기를 원합니다.[20]

물론 최문식의 이 호소가 분노한 민중들을 어느 만큼 자제시켰는지는 모른다. 하지만 그는 '10월 민중항쟁' 의 주역으로서 민중들의 해방 욕구가 과도히 분출되어 동족간의 피해가 점차 커져가는 것을 우려하였던 것이다. 그리하여 투항방송이란 좌익 청년들의 오해를 무릅쓰고 그는 마이크 앞에 섰던 것이다.

그러나 미군정은 최문식의 이런 속 깊은 내막을 알 리 없었다. 그들은 '10월 민중항쟁'을 미군정에 대한 준반란Quasi-Revolt으로 보고 선무방송을 마친 최문식을 이번 사건의 배후 조종자로 구속하였다.[21] 그리고 그는 그 이듬해 대구지법 제1호 법정에서 피검자 중 최고형인 징역 3년형을 받았다.

여기서 짚고 넘어 갈 문제는 과연 그가 대구 민중항쟁의 후반부 확산 과정에서 발생한 유혈 상쟁의 모든 책임을 혼자서 짊어져야 할 이유가 있었는가 하는 점이다. 그가 대구 지역에서 민중들로부터 받은 신뢰와 지지도에 비례하여 대속적으로 받은 형벌이라면, 그것은 신학적으로는 가능하지만, 그 자신의 의도와 역할에만 견주어 볼 때 그것은 법적으로 분명 억울한 일이다. 그것은 최문식의 역사상 마지막 말일 수 있는 6월 2일, 이틀 동안 계속된 대구지방법원에서의 사실 심리와 변호인단의 반대 심문에서 잘 드러난다.

> (1) 46년 10월 2일, 사건 당일에 대구서에 간 것은 사태를 원만하게 해결하기 위한 것이다.
>
> (2) 경찰의 무장 해제, 피검자 석방 등의 요구 조건을 들어 주면 민심은 안착시킬 것으로 생각하고,

20) 「대구시보」, 1946년 10월 19일자

21) 미군정청 보고서, 『G2-periodic Report』(H.Q.USAFIK) (서울, 명서각, 1986), 1946년 10월 2일자

(3) '폭동'은 옳지 못하고 항쟁이 자연적 사태라면 그 원인이 무엇인지 시비를 보아야 할 것이다.[22)]

그는 이 진술의 마지막 3항에서 말하듯이 10월 민중항쟁의 "원인"을 묻고 있다. 왜 민중들이 그처럼 해방의 감격과 환희 속에서 환멸을 느끼고 또 다른 제2의 해방을 위해 생명을 내걸고 봉기하였던가?

민중신학자 최문식

반세기 전의 일이지만, '10월 민중항쟁'에 얽힌 최문식의 기록들은 어디에도 확실한 자료들이 남아 있지 않다. 그로 인해 그의 출생과 본적, 그리고 가족사항 등을 알 길이 없다. 평양신학교 34회 졸업생 명부에는 그의 이름이 적혀 있지만, 학적부나 그 외 관련서류들은 한국전쟁 때 화재로 소실되어 그 흔적을 찾아볼 수 없다. 그러나, 그의 학교 동문인 유재기 목사의 회고를 참고하면 해방되던 해에 그가 39세였다면 1906년생쯤 될 것으로 추정된다. 그리고 유한종의 증언에 의하면 그의 출생지는 경남이라고 한다.[23)] 하지만 정영진의 책 『폭풍의 10월』에 의하면, 경남 가까운 창령이나 밀양 부근이었을 것으로 추정하기도

한다. 그는 평양숭실전문학교를 나오고 어떤 동기에서인지는 모르나 평양장로회신학교에 들어간다. 그러나 갈등을 겪고 한동안 휴학을 한 후 복학하여 1939년에 학교를 졸업한다. 이때 그의 주소는 평양부 신양리 108-32로 졸업자 명단[24]에 기록되어 있다. 그가 결혼한 시기는 정확히 알 수 없으나 그의 처 우신실禹信實은 평양 출신으로 후에 10월 민중항쟁 부녀동맹 도당위원장으로 활약한 여성이기도 하다. 또한 최문식에 대해 전하는 이들에 의하면, 그는 성격이 매우 원만하고 여러 가지 일에 "굉장한 수완가"였다고 한다. 특히 영어를 잘해 미군정 시절, 미군들과 통역 없이 현안 문제들을 토론했다고 한다.

그러나 이러한 그의 부분적인 삶의 면모들보다는 우리의 중요한 관심사인 제2의 해방운동으로서 10월 민중항쟁을 주도한 최문식의 사상 형성과 신학적 주제들에 관해 검토해 보자. 그런데 그에 관한 자료의 부족하지만 그의 두 편의 미완의 논문을 중심하여, 10월 민중항쟁에서 보인 그의 민중 해방의 실천적 의지나 이념적 단초들을 찾아보고자 한다. 그것은 "하나님 나라 사상에 대한 논고"『신학지남』,1939년 5월과 9월호 와 "신구약에 기록된 하나님에 대한 이름들"『신학지남』, 1939년 9월과 11월호 이다.

22) 정연진, 「폭풍의 10월」-대구 10.1 사건을 일으킨 사람들과 그 이데올로기(서울, 한길사, 1990), p. 421에서 재인용

23) 유한종, "혁신계 변혁, 통일 운동의 맥", 『역사비평』(1989, 여름 5호), p. 327

24) 『신학지남』, 1939. 5

우선 최문식의 이 글이 학생 신분으로서 한국 보수주의 신학의 요람인 평양장로회신학교 교수들의 학술지인 『신학지남』에 실렸다는 사실 자체가 이채롭다. 그것도 아직 목사 안수도 받지 않은 그 해 졸업생의 글로 선교사들과 한국인 교수의 글 사이에 나란히 무게 있는 논문으로 실렸으니 말이다. 한 가지 가능한 추측은 그때 『신학지남』을 편집하던 이가 미국의 프린스톤과 유니온 신학교에서 비교적 진보적인 신학을 공부하고 돌아온 남궁혁 박사였다. 그는 일찍이 김재준, 송창근을 비롯한 한국교회의 진보적인 신학도들을 『신학지남』의 필진으로 대폭 기용하였다. 따라서 최문식의 이 글은 남궁혁 박사의 배려였을 것이라고 추정해봄 직하다.[25] 그래서 그는 이 글의 서론 앞에 아래와 같이 자신의 글에 대한 집필 동기와 더불어 스스로 부족함을 자인하는 겸손의 말을 덧붙이고 있다.

> 필자는 몇 년 전에 다시 신학 연구의 길을 밟으면서 극진한 몇몇 형들에게 앞으로 일생을 통하여 연구하고 고찰할 중심 과제로서의 '하나님 나라'에 대한 것을 밝혀 말한 일이 있었다. 저간에도 이 방면에 대한 유의와 온축蘊蓄은 하여 왔다고 하면서도 늘 여기에 대한 열과 성이 부족하다는 것을 자책하여 마지 아니하였고, 이제 이 부족한 것을 내어 놓으면서 선배제위와 친우제현의 책임있는 지시와 편달이 있기를 간절히 비는 바이다.[26]

즉 그의 '하나님 나라'에 대한 논고는 일시의 신학적 관심이나 지적 호기심이 아니었다. 따라서 이 글은 앞으로 진행할 실천을 위한 일종의 이념적 작업의 성격을 띠고 있다.

그가 신학을 다시 하기로 작정을 하고 들어와 이 글을 쓰던 1930년대 말 당시 한국은 만주사변을 일으키고 제국주의 침략 전쟁에 광분한 일본의 병참 전진기지로서 말할 수 없는 착취와 약탈을 당하며 민족의 자주성을 말살 당하던 시기였다. 곳곳에 가난과 궁핍, 그리고 질병으로 뒤범벅된 참혹한 현실을 바라보면서 신학도 최문식은 무엇을 생각하였을까? 그리고 그가 신학 연구를 통해 얻은 것은 도대체 무엇일까?

그는 위의 글을 통하여 성서의 전편을 흐르는 가장 중요한 중심 사상을 두 가지 주제로 집약한다. 즉 하나는 '하나님 나라' 사상이고, 다른 하나는 '하나님 아버지' 사상이다. 따라서 예수의 교훈은 하나님 나라로 포괄되고 그의 신관은 하나님을 아버지로 일컫는 삼위일체적 구조 속에 놓여 있다는 점을 강조한다. 그리고 그는 이것을 논증하기 위해 이 주제로 신약성서 전편을 분해하여 공관복음서와 바울서신, 그리고 요한복음에 각각 드러난 '하나님 나라'와 '하나님 아버지' 사상을 어휘적으

25) "그는 자신의 스승을 평양 신학교의 남궁혁 박사님이라 했다.", 조향록, 『80자술』 내 한 몸 바칠 제단을 찾아서(상), (서울, 신지성사, 2000), p. 204

26) 최문식, "하느님 나라 사상에 대한 논고" 『신학지남』 1939년 5월, 21권 3호, p. 408

로 정리한다. 이것은 일종의 성서의 분해적 주석analystic exegeses이다. 그리고 마지막 단락에 책별로 연관된 성서 어구의 통계와 더불어 간단한 해석적 입장을 첨가하고 있다. 일례를 들자면,

(가) 마태복음공관복음 개역에 의함

1. 3장 2절 – "회개하라. 천국이 가까웠으니" 세례 요한의 전도 표어

2. 4장 17절 – "이때부터 예수께서 비로소 전파하여 가라사대 회개하라 천국이 가까웠느니라" 예수의 전도 표어

3. 4장 23절 – "예수께서 온 갈릴리에 두루 다니시사 저희 회당에서 가르치시며 천국 복음을 전파하시며 백성들 중에 모든 병과 모든 약한 것을 고치시니" 예수의 사업상 一鍾目인 천국 복음을 전파하신 것 27)

따라서 이 두 편의 글에서 최문식은 위의 두 개념들에 대한 신학적 논의보다 직접 성서 본문의 구절들을 일일이 열거하여 고증하는데 지면을 다 할애하고 있다. 그리고 두 글 다 미완으로 마지막의 중요한 해석 부분을 생략하고 있기 때문에 실제 최문식이 이 개념들을 어떻게 이해했는가 하는 신학 내용에 대해서는 더 이상 알 수가 없다.

그러나 필자는 최문식이 그의 글에서 " '천국'과 '하나님 나라'의 차이"제Ⅱ장와 " '하나님 나라'의 의의"제Ⅲ장를 생략하고

구약의 하나님 칭호를 밝히지 않았다고 해도, 바로 이 개념들 속에 그의 신학사상이 내포한 혁명적 차원과 민중적 차원이 명료히 드러났다고 본다.

우선 그가 1930년대 말 일제 식민지 시대의 억압과 착취의 암울한 현실 속에서 '하나님 나라'를 종말론적으로 이해하고, 하나님을 삼위일체적 경륜 속에서 예수의 아버지로 강조하였다는 것은 매우 혁명적인 의미가 있다. 즉 그는 성서의 '하나님 나라'는 지상적인 "어떠한 인간 집단a company of man"이며 동시에 미래에 속한 종말론적 실재로 이해한다. 따라서 '아버지'로서 하나님은 아들을 통해 이 땅 위에서 '하나님 나라'를 실현해 가시는 '하나님 나라의 운동자'라고 말한다.

> 따라서 예수의 전도 목표가 이것하나님 나라이며, 그 교훈의 종합명제가 이것이며, 라프트가 말하는 것과 같이 예수의 선교에 대한 미래의 개념이 이것이다. 이런 의미에서 예수의 복음이라는 것은 결국 '하나님 나라'의 복음이라고 할 수 있으며, 예수는 '하나님 나라'의 운동자이며 또는 '하나님 나라'를 위한 희생자라고 할 수 있는 것이

27) 위의 글, p. 409

> 다. 물론 예수의 교리에는 하나님 나라 외에 '하늘 아버지' 라는 사상이 중심이었다. 그러나 이 양자는 상호 유기적 연관을 가져 서로 포함하게 되는 것이다.[28]

또한 그는 이 '하나님 나라' 를 민중적 차원에서 해명한다. 앞서 천국을 지상의 어떠한 특별한 인간 집단지극히 작은 자, 마태복음 11:11으로 혁명적으로 규정한 다음, 그것은 마태복음 5장의 산상수훈 가운데 "가난한 자"마태복음 5:3와 "의를 위해 핍박받는 자"마태복음 5:10들의 축복과 특권으로 보고 있다. 그래서 '하나님 나라' 는 숨은 보화의 비유처럼 모든 것소유을 다 팔아서 사야 하는 것이며마태복음 13:44, 때로는 빼앗길 수도 있는 것이다.마태복음 21:43

또 그는 이 '하나님 나라' 를 어떤 특정한 사람들이 들어가는 곳, 특히 지옥이나 음부를 상대적으로 표상하여 사용한 것으로 보고 그곳에 들어가는 자는 "하나님의 뜻대로 행하는 자"라야 가능하다고 말한다. 따라서 '하나님 나라' 의 기득권자인 이스라엘의 자손들은 오히려 하나님 나라 바깥 어두움으로 쫓겨나고 대신 이방인들에게 허락되어지는 현실이다마태복음 8:12. 그러나 이것은 양과 염소의 비유마태복음 25:34처럼 장래적으로 심판과 더불어 이루어질 사건이다.

이렇게 최문식은 '하나님 나라' 를 가난하고 의를 위해 핍박받는 소외된 민중들이 공유하는 현재적 실재로 보고, 자기 소유사유재산를 포기하고 하나님의 뜻대로 실천하며, 민중해방에 연대하는 공동체로 보고 있다. 그런데 이러한 그의 민중신학의 단초들이 어떻게 민중해방을 목표로 한 10월 민중항쟁에서 실천적 지도 이념으로 연결되었는지 1939년부터 1946년 사이의 그의 사상적 여정을 추적해 낼 수 없기 때문에 분명하게는 확인할 수 없다. 단지 앞서 인용한 유재기 목사의 회고에 의하면, 그는 학생 때부터 맑스주의에 심취하고, 일본의 빈민 사업가 가가와 도요히꼬賀川豊彦의 '기독교 사회주의' 사상에 공감하여 가난한 자 편에 서서 선교해야 한다는 것을 늘 주장하였다고 한다.

그렇다면 최문식은 그의 신학 안에 성서적 요소와 마르크스적 요소를 어느 만큼 결합해 가지고 있었던 것인가? 그것을 알아볼 어떠한 사료도 남아 있지 않지만 분명한 사실은 그에게는 이 두 요소가 역사의 변혁 주체인 '민중' 안에서 결합되어 궁극적으로 자주적 통일정부를 지향하는 '10월 민중항쟁' 이라는 민중해방의 실천으로 이어졌다는 것이다. 그러므로 그는 결코 교조적이고 모험적인 공산주의자가 아니었다. 그 증거는 그가 1950년 6월 28일, 서울 함락 때 마포형무소에서 풀려났으나 수감 중 전향 발언을 했다고 북의 정치보위부에 끌려 다니며 수난을 겪고 9 · 28 때 행방불명이 된 사실이 단적으로 말하고 있

28) 위의 글, p. 413

다. 또한 그가 실종되기까지 목사의 직분을 포기하지 않고 전쟁 시 남한의 기독교 세력을 완전 박멸하려는 인민군의 종교 정책에 반해 애국적인 기독교 세력을 옹호하고 나선 것에서 잘 드러난다.[29] 김재준의 회고에 의하면 그는 남조선 민정 실시를 위한 최고 위원 7인 중에 들어 "목사는 사형에 처하고 장로와 교인은 인민재판에 세운다."는 숙청 원칙에 수정안을 제시하고, 일제 시대와 이승만 시대에 당국의 앞잡이로 적극 협력한 부류 이외는 그 대상을 제한하였다 한다.[30]

이러한 점에서 그는 명확한 현실 인식의 바탕 위에 민족·민중해방의 과학적이고 실천적 경로를 추구한 자다. 그리고 이런 해방과 사회 변혁의 역사에 기독교인으로서의 역할을 누구보다 바로 실천한 이다.

따라서 최문식은 가난한 민중에게 축복과 특권으로 주어진 하나님 나라 운동을 실천하다 십자가 위에서 희생당한 예수처럼, 그는 미군정의 대 남한 점령 정책 속에서 극대화되는 민족·민중모순의 해방을 위해 스스로 고난의 멍에를 짊어지고 역사의 제물이 된 많은 그리스도인 가운데 하나였다.

29) 10월 민중항쟁부터 1950년대 6.25까지의 그의 행적에 관해서는 앞서 인용한 조향록 목사의 글에서 살펴볼 수 있다.
30) 김재준, 『범용기』 장공 김재준 자서전 (서울, 장공 자서전 출판위원회, 1983), pp. 198~199

제3장

하나님 나라와 세상 나라의 경계선을 걸어간 최흥종

전남 건준建準 위원장 최흥종

일제가 패전을 공식선언하고 포츠담선언을 수락한 1945년 8월 15일, 이 날이 있기 훨씬 전부터 민족의 독립운동가들 가운데 몇몇은 일본의 패망을 예감하고 패망된 이후의 국가 건설에 대한 구상을 세워나갔다. 특히 그 가운데서도 김구와 여운형은 민족자주 독립국가 건설을 목표로 국외의 '임시정부'와 국내의 '건국동맹'을 중심으로 독립국가 건설의 군사적 힘과 행정 · 조직적 기반을 조성하였다. 그리하여 해방이 되던 날부터 국내의 민족운동 세력들은 여운형의 건국동맹을 연합전선적 성격을 갖는 '건국준비위원회' 약칭 건준로 명칭을 바꾸고 자치적 민족국가 건설에 박차를 가하였다.

서울 건준의 중앙기구 결성과 더불어 전국적으로 일제히 건준 지부들이 설치되었다. 이들은 자신들이 내건 선언문에서 말하듯이 '완전한 독립국가' 건설에 그 목표를 두고, "전 민족의 정치적 · 사회적 기본 요구를 실현할 수 있는 민중정권의 수립"에 앞장서, 해방 이후 일시적 과도기에 있어서 어수선한 "국내 질서를 자주적으로 유지하며 대중 생활의 확보"를 추구하였다. 따라서 1945년 8월말까지 전국에 145개소의 건준지부가 결성되고, 중앙기구를 12부 1국으로 개편하여 민중의 자발적인 지지와 이를 수렴할 행정 · 제도적 형태를 갖추었다.

전남 건준도 이러한 흐름과 병행하여 도민들의 자생적인 완전 자주 독립국가에의 열망을 받아들이면서 8월 16일 수립되었다. 그리고 그 다음날 제1차 결성식을 광주극장에서 갖고 전남 건준의 지도부를 구성하였다.

이 날 전남 건준의 임원으로 피선된 이들은 모두 일제 하 민족운동의 중추적 지도자로 존경받는 이들이었다. 그러므로 이들에 대한 민중적 지지와 도덕적 신뢰는 매우 컸다. 따라서 9월 8일의 중앙 건준의 변화에 따른 2차 개편을 거쳐 그 해 10월 27일 미군정이 실시되기까지 전남 건준은 실질적인 행정기관과 치안 유지 기능을 하며 지방 정치의 토대를 구축하였다.

그런데 우리가 전남 건준의 형성 과정에서 매우 특별하게 관심을 갖는 것은 초기 전남 건준의 위원장이었던 최흥종 목사의 정치적 영향력과 그의 행로다. 그는 일제 하에서 "한국 나환자의 아버지"로, 또한 3 · 1운동 이후 열렬한 민족의 애국지사로 추앙받던 사회 운동가이며 목회자였다. 그리고 해방되기 몇 년 전부터는 세속과 인연을 끊고 광주 무등산 기슭에 묻혀 순결과

금욕의 고행적 삶을 지향해 왔다. 그러던 그가 1945년 8월 15일 해방과 더불어 현실 정치 영역에 발을 디민 것이다.

그러면 이것은 흔히 그를 말하는 이들의 주장처럼 주위의 권면에 못이긴 그의 일시적 파행이었는가? 아니면 그가 줄곧 지향해온 그 자신의 신앙 원리의 실천적 발로였는가? 그렇다면 건준을 통한 정치 현실에의 참여와 세상으로부터 초연한 은거의 삶은 그에게서 어떻게 하나로 조화될 수 있었는가?

최흥종의 건준 참여의 동기와 그의 행적들은 그 한 개인에 대한 전기적 관심을 넘어서 해방 후 전남 지방 정치에서 역할한 기독교 운동의 위상과 성과들을 평가하는 데 매우 중요하다. 그러므로 필자는 본고에서 최흥종의 생애와 그의 사회 활동을 통한 업적물들을 살펴보며, 그것들이 해방 이후 광주를 비롯한 전남 정국에 끼친 영향력과 한계들을 규명하고자 한다.

깡패에서 변신

1880년 5월 4일 최흥종본명 崔泳琮은 광주골의 최학신과 어머니 국씨 사이에서 7남매 중 장남으로 태어났다.[31] 그의 유년 시절에 대한 기록은 전혀 없지만, 19살 되던 해 최흥종은 부모를 잃고 계모 밑에서 살며 광주 일대를 주름잡는 싸움꾼과 건달

패로 널리 알려져 있었다. 그 스스로도 자신을 "쇳놈鐵漢"이라 일컬었듯이 그는 장날만 되면 으레 장바닥에 나가 시골서 올라온 어리숙한 장돌뱅이들을 못살게 굴곤 하였다. 그러한 행패가 오죽했으면 화순 사람들은 광주장에 왔다 최흥종을 만나지 않고 가는 날은 운수 좋은 날이라고까지 하였다. 그러한 방탕한 생활 속에 있던 그에게 새로운 삶의 전기가 마련되었다. 그것은 1904년 광주에 온 미국 남장로회 선교사를 도와 전도인 역할을 하던 전직이 총순總巡인 김윤수와의 만남이다. 최흥종은 그와의 만남 속에서 예수 그리스도의 복음을 깨닫고, 지금까지의 방종을 자괴하고 스스로의 앞날을 선택하게 된다. 그래서 이듬해 대한제국의 공안을 맡는 순검 시험에 응모하여 어엿한 공무원으로 나라를 위한 일선 직무를 담당한다. 그러나 순검이 되어 순수히 나라를 사랑하고 민중에게 봉사하겠다는 그의 의지는 1905년 을사보호조약으로 조국의 실질적인 주권을 일본에 빼앗긴 형국에서 자기 민족을 억압하고 착취해야 하는 일제의 끄나풀에 불과한 것으로 전락되고 말았다.

그로 인해 그는 내면에서 일어나는 이상과 현실의 괴리에 심각한 갈등을 겪으며 자학적인 절망에 빠졌다. 결국 그는 순검을 청산하고 광주 농공은행에 취직하였다. 하지만 그에게는 이

31) 오방 선생 기념사업위원회, 『영원한 자유인』 오방 최흥종의 생애 (광주 : 전남 내일신문출판국, 1976)

것도 그 자신의 마음속에 불붙는 민족을 향한 사랑과 미래에 대한 웅지와 포부를 충족시키기에는 무엇인가 못마땅하였다. 그래서 최흥종은 2~3개월에 불과한 짧은 은행원 생활을 마감하고, 그를 예수에게로 인도한 김윤수와 그에게 성서 연구와 신앙지도를 해준 배유지Eugene Bell 선교사의 우정어린 충고를 따라 1907년, 그의 나이 28세 때 조사助師직을 맡아 영광의 감산리 교회로 부임하였다. 그에게는 민족의 영혼을 구원하고 무지한 동포들을 깨우치겠다는 나름의 생각이 있었던 것이다.

그런데 최흥종은 2년 여 동안 뉴우랜드L.T.Newland 선교사를 도와 조사 일을 하면서, 접하는 가난하고 병든 민중들을 보며, 그가 이들을 구체적으로 구원하고 사랑하는 길은 의사가 되는 길이라고 생각을 굳혔다. 그래서 1909년 그는 광주 예수교병원에 사무인으로 자리를 옮겼다. 그리고 도제 수습의 방법으로 원장 윌슨R.M.Wilson을 도와 견습 과정을 밟아 갔다.

그러다가 1909년 초여름 어느 날, 그는 그의 생애를 다시 한번 바꿔놓은 새로운 감격적 경험을 하게 되었다. 그것은 다름 아니라 미국인 의사 포사이드Forsythe와의 대면이었다. 포사이드는 광주병원의 모자라는 일손을 도와 목포 선교부로부터 두 번째 파송되어 온 의사다. 최흥종과는 구면이었지만, 그는 이날따라 그가 타야할 말에 문둥병 환자를 태우고 자신은 마부가 되어 병원에 다다른 것이다. 가뜩이나 문둥병 환자를 불결히 보던 때라 가까이 가기도 꺼림칙한 장면이었다. 그런데 공교롭게도 그

광경을 보던 최흥종 앞에 피고름이 범벅된 그 문둥병자의 지팡이가 "툭!"하고 떨어지는 것이 아니겠는가! 움찔하고 그가 물러서는데, 포사이드는 정중하게 "최집사님, 그 지팡이 좀 집어주시오!"라고 말하는 것이었다. 그 순간 그는 주저하지 않을 수 없었다. 머릿속에 여러 가지 상념이 순간 일어나며 자기 민족도 아닌 미개한 나라의, 더구나 더러운 문둥병자를 사랑하는 포사이드의 진실한 행동과 자신의 너무도 이기적이고 편협한 모습이 대조되었다.

그는 어금니를 질끈 물고, 덥석 떨어진 지팡이를 주워 환자의 손에 쥐어 주었다. 그후 최흥종의 삶은 광주 사회의 새로운 화제거리가 되었다. 문둥이들과 같이 기거 하고 행려병자들을 업어 나르며, 혼신으로 나병환자들의 구제 사업에 투신하게 된 것이다. 그리고 1912년에 나환자들만을 위한 봉선리鳳仙里 교회를 세우고 구체적으로 목회자의 길을 결심하였다. 그때가 1915년이었다.

민족운동과 민중투쟁의 전선으로

평양장로회신학교에 들어간 최흥종은 1919년 학생의 신분으로 3 · 1 독립운동에 가담하였다. 그리하여 3년형을 선고받고 수감 중, 감형으로 1년 만에 출옥하여 그 이듬해 평신 14회로 학교를 마쳤다. 그리고 그는 곧바로 광주 북문밖교회의 담임 목사로 부임하여 본격적인 목회와 민족운동을 전개하였다. 그는 교회에서 자신이 전도하여 길러 낸 청년들을 부추기어 항일 독립운동의 주동 부대로 내세우고, 또 이들을 중심으로 청년운동과 노동운동을 조직화해나갔다.

1927년에는 국내 독립운동의 연합전선 성격을 가진 신간회를 전남에 설립하여 민족운동의 기지로 삼는 등 호남의 좌·우 세력을 한데 묶어 일제 식민정책에 맞서 격렬히 투쟁하였다. 또한 그는 1929년에는 국외의 독립운동 거점인 시베리아에 선교사를 지원하여 국내외 독립운동 세력을 연계시킬 계획으로 죽음을 무릅쓰고 그곳에 파송되어 가기도 하였다. 그러나 극동 러시아의 소비에트화가 급속히 진행됨에 따라 그다지 큰 성과를 거두지 못하고 돌아와, 1930년대부터는 적극적으로 20년대 민족운동을 계승하는 민중들의 권익과 복지를 위한 사회운동으로 전환하였다. 그 일환으로 1930년대의 대동아전쟁을 준비하는 일제의 수탈과 민족 말살의 잔혹한 탄압 속에 YMCA를 통한 청년교육 운동과 농촌 운동으로 전개되어 나갔다. 그래서 장차 민족운동을 이어갈 청년들을 길러 냈고, 농촌의 부흥을 모색하였다. 또 다른 하나는 빈민과 나환자들을 위한 사회 구제운동이었다. 그는 가난한 자들을 위해 손수 자신이 발벗고 나서 계유구락부癸酉俱樂部를 만들어 의식주를 마련하고, 나환자들을 위한 수용소와 병원설립운동에 전념하였다. 특히 이 운동은 총독부의 방해와 외면 속에서 종국에는 나환자들을 이끌고 광주로부터 서울의 조선총독부까지 이르는 대장정의 민중 투쟁으로 발전하게 되었다.

이렇게 최흥종은 일제의 식민지 시대 청년 세력을 모아 항일운동을 주도하며, 식민지 억압 구조 속에서 가장 소외되고 고통당하는 빈민들과 나환자들의 생존과 권익을 위한 투쟁의 전선에 나섰던 것이다.

사망 통지서 사건

점차 연약해져 가는 민족적 상황 속에서도 중앙교회를 지키며 민족운동과 사회 활동에 지칠 줄 모르는 '뚝심' 으로 뛰던 최흥종은 1936년, 또 하나의 획기적인 사건을 벌였다. 그것은 다름 아닌 그의 가장 가까운 친지와 자녀들에게 보낸 "최흥종 사망통지서"다.

> 1935년 3월 17일 이후, 나 오방五放 최흥종은 죽은 사람임을 알리는 바입니다. 인간 최흥종은 이미 죽은 사람이므로, 차후로 거리에서 나를 만나거든 아는 체를 하지 말아주기 바라오. 나 최흥종은 오늘부터 이 세상에서 영원

> 히 떠나 하나님 속에서 진실로 하나님과 함께 자유롭게 살 것입니다. 여러분들도 죄를 회개하고 하나님을 믿고 구원받기를 바랄 뿐입니다.

이처럼 그는 "이 세상을 떠나 하나님 속에서 자유롭게 살기 위해" 인간으로서의 죽음을 선포하였다. 왜? 무슨 이유로 그가 이런 결심을 하였는지 그는 더 이상 입을 다물고 해방이 되던 해까지 은거 생활에 들었다. 그래서 그의 전기를 쓴 김천배는 그 동기를 일제 말의 민족 지도자들이 어쩔 수 없이 오점을 남기는 친일적 행태와 연관지어, 그의 호인 오방五放의 내용 중 정치방기政治放棄에 해당되는 처세라고 말한다.[32] 이것은 강요되는 정치 현실에의 참여를 과감히 버리고 은거의 길을 가는 매우 어려운 비폭력 저항이라는 것이다. 그러므로, 이러한 길은 최흥종같이 높은 인격과 자기 수련의 과정을 거친 자들만이 가능한 길이라는 것이다. 그러나 김천배의 이러한 추정은 해방 후 해방 정국에 가담하는 최흥종의 정치 참여의 면모를 설명하는 데에는 제한이 있다.

최흥종은 1935년 무등산 오방정으로 들어간 이후에도 종종 손수레를 타고 시내에 나타나 걸인들이나 나환자들과 같이 먹고 자며 함께 살다가 무등산으로 돌아오곤 했다. 그는 1930년 말 예수교 장로회를 비롯한 교회가 일제의 신사에 굴복하고 많은 지도자들이 친일 협력자로 전락하는 것을 비판하면서 『교역자의 반성과 평신도의 각성을 촉구함』 이란 장문의 글을 발표하기도 했다. 또 최흥종은 1944년에는 광주의전 설립 기금을 마련하기 위해 상해로 가서 손창식으로부터 거금을 희사 받기도 하였다. 뿐만 아니라 최흥종은 해방 후로부터 1958년에 이르는 기간에 무등산에 은거하면서도, 그가 30년대 주력하였던 교육 · 의료 · 사회사업 등 사회운동들은 계속 진행시켜 나갔다.

이러한 일련의 과정은 최흥종의 은거가 결코 현실과의 완전한 절연의 차원이 아니었음을 말해 준다. 그러므로 최흥종의 무등산 은거는 그가 추구한 삶과 관련해서 보다 실천적으로, 보다 목적의식적으로 이해되어져야 한다.

그러면 앞서 글의 머리에서 제기한 물음으로 되돌아가 기독교 사회운동 지도자로서 최흥종의 해방 정국에서의 건준 참여는, 그의 생애 과정과 광주 민족 · 민중 운동사에서 어떠한 연관적 특성을 갖는 것인가?

그가 택한 자유인의 길과 민중 현실

1964년 그가 죽기 2년 전, 그가 써놓은 유언장에서 최흥

32) 김천배, 『오방 최흥종 목사의 삶』, 광주 YMCA, 1972

종은 성경 구절을 인용하면서누가복음 14:25–27; 마태복음 12:46–50; 고린도전서 15:50–55; 고린도후서 4:16–18; 베드로전서 3:10–13; 요한계시록 21:1–4 이 세상과 생의 덧없음과 참 진리되신 예수 그리스도의 십자가 신앙을 강조한다. 그리고 "회개하고 구주 예수를 진실로 믿으라"는 권면을 하고 있다. 물론 이 말은 가정에 평생 소홀했던 아버지 최흥종이 자녀들에게 주는 마지막 가르침일 수도 있다. 하지만 이러한 권면은 그 뒤에 이어지는 아래의 글에서 볼 때, 당시의 한국교회와 교인들에게 주는 진솔한 비판이며 충고였던 것을 알 수 있다.

> 교회를 다닌다고 혹 직분이 있다고 목사나 전도사나, 장로나 집사라 하는 명칭으로 신자라고 자칭할 수 없고, 예수와 연합한 자라야만 구원을 얻는 진리다. 내가 보기에는 모든 자녀들이 경제적 질계姪械에 노예가 되고 처자녀 등의 애착에 중점을 두므로 이중 삼중으로 괴뢰적 포로가 되어 해방될 소망이 희소하니 어찌 가련애감可憐哀減치 않느냐, 용감히 회개할 지어다. 십자가를 지고 자기를 이기고 예수를 따를지어다.

최흥종은 신자를 그 직분과 명칭에 의해 드러나는 것이 아니고 "예수와 연합한 자", "십자가를 지고 자기를 이기고 예수를 따르는 자"라고 규정한다. 그리고 그러한 신자적 삶은 먹고 사는 경제적인 것과 처자식을 중심한 가정적인 것에 얽매이지 않는 것이라고 말한다. 즉 이 말을 좀 더 적극적으로 표현한다면, "예수와 연합한 자"는 곧 사사로운 가족이나 일상 생활에 구속받지 않고, 예수와 같이 자기를 내버리고 진실로 이웃을 사랑하는 "사랑의 실천적 삶"을 사는 것이다.

최흥종의 삶은 그의 호에서 보듯이 다섯 가지 영역가사, 사회, 경제, 정치, 종교의 얽매임으로부터 해방된 자유로운 삶의 실현에 있었다.[33] 그러나 여기서 우리가 중요하게 지적할 것은 오방 최흥종의 자유함은 결코 상황을 떠난 무시간적인 자유가 아니었다는 점이다. 그것은 오히려 예수를 뒤따르는 사랑을 위한 자유였다. 그러하였기에 최흥종은 그 자유를 세상 밖으로가 아니라, 세상 안으로 행사하여 역사 현실에 대한 적극적인 참여와 책임적인 면모를 보였던 것이다. 따라서 최흥종의 일생을 통한 민족운동과 사회 운동은 결코 예수와 연합하고 예수를 뒤따르는 그의 신앙적 고백과 사랑의 실천에서 분리될 수 없는 것이다. 그는 예수를 뒤따르기 위해 예수처럼 병자들을 내 몸

33) 문순태는 최흥종이 자식처럼 아끼고 사랑하던 이영생의 '오방'에 대한 풀이가 이와는 다름을 전하고 있다. 그것은 자신이 다섯 가지의 얽매임으로부터 해방된다는 것으로 첫째 가사에 방만, 둘째 사회에 방일, 셋째 경제에 방종, 넷째 정치에 방기, 마지막 다섯째는 종교에 방랑이 그것이다. 즉 혈육의 정에 얽매이지 않고, 사회적으로 구속을 받지 않으며, 경제적으로 속박 받지 않고, 정치적으로 자기를 앞세우지 않으며, 종파를 초월하여 정한 곳이 없이 하나님 안에서만 자유를 누릴 수 있다는 다섯 가지의 생활신조를 말함이라고 할 수 있다. 문순태, 『성자의 지팡이』, (서울 : 다지리, 2000), pp. 272~273

같이 사랑했고, 가난한 자들과 하나가 되어 의로운 일에 무섭게 들고 일어섰다.

뿐만 아니라 그는 이러한 다양한 일시적 운동Movements들을 그의 뛰어난 지도력과 행정력을 가지고 조직화Organization해 나갔다. 이러한 점은 최흥종의 기독교 사회운동의 조직적 특징으로서 그가 주도하거나 결성한 조직과 기구들을 살펴보면 보다 명확히 밝혀진다.

1921년 노동공제회 전남지회를 결성한 것으로부터 본격화된 최흥종의 조직화를 통한 민족 · 사회운동은, 현안의 문제들을 직접적으로 풀어가기 위한 대중 시위 투쟁과 병행되면서 꾸준히, 일관되게 진행되었다. 그래서 1920년대에는 광주청년회와 노동공제회, 그리고 YMCA가 지속적으로 사회 봉사와 민중투쟁을 주도하는 운동 거점이 되었다.

30년대에 들어서서는 사회의 내재적 모순 현상으로 뚜렷이 드러나는 극빈자들과 병자들의 생존과 권익을 위한 모금과 투쟁 기관으로 계유구락부와 나병근절연구회를 창립하여 사회운동의 구심점을 형성해 나갔다. 따라서 그가 일제 시대를 통해 주도한 다양한 조직 투쟁들은 해방 후 해방 정국을 이끌어 갈 지도력을 배출하고 이를 지원하는 하부 조직들로 훌륭히 기능하였다. 그러므로 그가 1936년 사망 통지서 사건 이후의 은거 생활을 통해 직접적인 조직 활동은 하지 않았지만 이러한 조직들은 해방 후까지 존속되며 최흥종의 지도력을 요청하였던 것이다. 따라서 그의 전남 건준을 통한 정치 현실에의 참여는 그의 삶의 전 과정과 신앙적 실천 노선을 비추어 볼 때, 결코 이례적인 파행은 아니었다. 왜냐하면 그는 인간 삶의 전 영역을 예수 그리스도의 사랑을 실천하는 장場으로 보고, 사회운동을 일관되게 추진해왔기 때문이다. 그러므로 그에게는 현실의 물적 이해관계와 이데올로기적 갈등이 예민한 해방 정국의 정치 영역일지라도, 그것은 단순히 그리스도의 사랑을 실천할 선교의 장에 불과한 것이었다.

반면 또한 바로 여기에 최흥종의 해방 정국에 대한 인식에 한계가 있는 것이었다. 왜냐하면 해방 정국의 현실이란 그의 기독교적 사회운동 차원에서 보듯이 그렇게 단순한 것이 아니었다. 2차 세계대전의 종전을 통해, 해방은 일제로부터 민족운동의 지상 과제인 독립을 되찾게 해주었지만, 식민지적 모순 구조들이 그대로 잔존한 민중 현실이 복합적으로 얽혀 있었기 때문이다. 그러므로 해방 후 전남 민중의 반봉건적 소작제와 적산처리 등의 문제는 기독교 사회운동이 추구하는 구제와 계몽의 차원에서는 해결이 전혀 불가능하였다. 그것은 보다 근원적인 체제의 변혁과 정권 주체의 뒤바뀜을 요구하였다.

그렇기 때문에 초기 건준을 해방 공간에서 이끈 최흥종의 기독교 사회운동의 선교론은 민중 현실의 모순을 극복하려는 좌파적 성향보다는 일본의 식민지 구조를 가능한 그대로 유지하며 민중 모순을 중화시키려는 미군정 체제를 지지하는 편향으로 흘러갔다. 그러한 그의 정치 노선을 단적으로 드러내주는 것이 1945년 8월 25일 광주 서중西中에서 열린 '광주 시민 해방 축하 대회'의 대회사이다. 그는 수만의 군중이 운집한 자리에서 해방의 감격을 토로하며 "모두 단결하여 자주독립국가를 건설하자."고 역설하였다. 즉 최흥종은 당시 38도선 이남·북으로 미소에 의해 분할 점령된 비자주적인 예속 국가로서의 해방 현실을 인정하고 향후 민족운동의 이상을 제시한 것이다.

하지만 그는 이 자주독립국가 건설의 주체로 '모두'를 포괄하며, 그 시대 대립된 계급 갈등 속에서 노골화되는 민중 현실의 모순을 정확히 짚어내지 못하였다. 따라서 이러한 인식적 한계를 갖는 최흥종의 기독교 사회운동 노선은 점차 미군정 쪽으로 선회하였다.[34] 이와 달리 전남 건준은 2차 개편을 통해 좌파 세력이 주도하게 된다.[35] 그래서 전남 건준은 9월에 들어 "인민위원회"로 대부분 바뀌어 민중 세력들을 결집하고 민중모순의 해결을 나름대로 시도한다. 하지만 이것은 미군정의 의혹과 탄압으로 무산된다. 민중의 자생적 정치 조직인 인민위원회의 무산으로 결국 후에 가서 전남 정국은 미군정과 극단적으로 대결하는 노동자·농민의 쟁의와 추수 봉기 등으로 인해 심각한 침체의 위기에 처했다.

하여튼 이러한 전남 건준의 다양한 정치 노선의 변화에서 초기 건준 위원장이었던 최흥종 목사의 해방 정국의 민중 현실에 대한 인식적 한계는 궁극적으로 해방 정국에서 전남의 기독교 민족 · 민중운동의 성격과 그 실천적 한계를 함께 보여주는 것이다.

34) 1945년 10월 25일 초대 군정 지사로 광주에 부임한 미군 제 40사단 제20연대의 연대장 펩트 대령은 10월 27일에 최흥종의 동생 최영욱을 초대 도지사로 임명했다. 이어 김필례, 서민호, 최성준, 최흥종을 미군정 고문으로 임명하고 최흥종에게 고문회의 회장을 맡겼다. 최흥종이 미군정 고문으로 참가하게 된 것은 동생 최영욱의 권유가 중요한 계기가 되었다. 그러나 이미 미군정이 인민위원회를 무력화시키려는 것을 주요한 업무로 하고 있었으므로 최흥종의 미군정 참여는 그의 정치적 견해를 엿볼 수 있는 부분이다. 문순태, 『성자의 지팡이』,(서울 : 다지리, 2000). pp. 307~308

35) 1945년 8월 18일 결성된 건국준비위원회 전남위원장으로 선출되었던 최흥종은 애초에 그가 조직 정비 후 사퇴를 언급한 대로 결성 17일 만에 위원장 자리를 박준규에게 넘겨준다. 그러므로 전남 건준의 좌파적 변화 과정에서 그의 역할은 없었다고 보아야 한다.

제4장

공산주의 없는 하나님 나라를 지향한

한경직

일제 하의 기독교와 공산주의

3.1운동 이후 일제의 식민지 통치 방식의 변화는 민족운동 안에서도 상당한 분열과 변화를 초래하였다. 식민지 조선에 대한 폭력적 지배 · 수탈 구조를 그대로 온존시키면서도 사회계층을 어용화시키는 문화적, 이데올로기적 정책으로 인해 상당한 민족운동 대열이 개량화, 친일화되었다. 이 과정 속에서 민족운동의 상층을 형성했던 다수의 학계, 종교계, 문화계, 언론계의 사회 지도층 인사들은 사실상 민족의 독립을 포기한 채 내선일체와 황국신민화를 주장하였다.

해방이 되기까지 지속되었던 민족운동의 어용화는 민족해방운동에 있어서 좌파적, 민중적 세력의 주도성을 강화하는 더 큰 역할을 했다. 대부분 좌파 조직들에 의해 주도된 일제 말의 노동자, 농민의 생존권 수호, 반제민족해방 투쟁은 해방 후 조선 민중의 사회 변혁을 위한 비젼이자 역량이 되었다. 따라서 해방 이후 건국을 둘러싼 한반도의 대체적인 이데올로기적, 정치, 경제적 지형은 반제적, 사회주의적 성격을 띄게 되었다.

이렇듯 해방 정국 초기의 이데올로기적 지형이 전반적으로 좌경화된 지형에 가까웠던 반면, 기독교의 그것은 전반적으로 우경화 된 지형을 나타냈다.[36]

기독교 세력의 반사회주의적 성격은 이미 1920년대부터 형성되었다. 1920년대 사회주의 운동이 항일 민족운동의 표면에 대두되면서 민족운동은 새로운 활력과 시각을 갖기 시작하였고 민족해방운동이 사회혁명과 결합하기 시작하였다.[37] 반면 기독교의 민족운동은 이 시기로부터 뚜렷이 혁신적 성향을 상실해갔다. 근본적인 사회적 모순을 외면한 채 사회, 농촌 봉사와 계몽운동을 전개하였으며 도덕적인 사회 개조를 주장하는 추상적인 운동으로 변화되었다.[38] 이러한 개량화는 교단 총회 등 공식적 부문에서는 더욱 심각하였다. 결국 1938년에서 1940년 사이 대부분의 기독교 교단은 신사참배를 결의하고 일본 기독교 교단에 통합되어 「조선기독교연합회」를 창설함으로

36) 강인철, 『한국기독교회와 국가ㆍ시민사회』(서울 : 한국기독교역사연구소, 1996), p. 261

37) 박순경, "한국 민족과 기독교의 문제", 『민족통일과 기독교』(서울 : 한길사, 1990), pp. 40~41

38) 박순경은 1925년 이후 사회주의자들의 반기독교운동에 접하면서 기독교 사회운동은 "본래적인 기독교화에 급진전"했다는 민경배의 주장에 대해 민경배는 그러한 갈등과 기독교 사회운동의 전환이 기독교 사회운동의 역사적 방향 상실의 시초라는 것과 민족 분단의 시초라는 문제를 간과하고 있다고 반박한다. 박순경, 위의 책, p. 41

써 일본 제국주의에 완전히 굴복하게 되었다.

사회주의 진영의 반기독교적 입장과 공격은 기독교 민족운동의 개량화 과정에서 강화되었으며, 역으로 기독교의 반공입장도 견고화 되어갔다. 기독교는 1932년에 발표한 '사회신조'의 전문에서 "일체의 유물교육, 유물사상, 계급적 투쟁, 혁명수단에 의한 사회 개조와 반동적 탄압에 반대"한다고 명시하여 반공주의를 교리의 수준으로 올려놓았다. 1927년 민족주의 진영의 좌파와 사회주의 진영의 통합 조직인 신간회가 구성되고 일부 기독교 인사가 참여하기는 하였지만 이것은 개인적이고 비공식적인 차원이었고 기독교의 반공적 입장은 명확하였다.

선교사들에 의해 조선 기독교에 유입된 서구 자본주의적 의식과 선교사를 중심으로 한 기독교 조직은 사회주의 세력과의 연합을 근본적으로 제약하였으며, 항일운동을 둘러싼 기독교 세력과 사회주의 세력의 실천 노선의 차이는 양측의 대립을 더욱 격화시켰다. 해방 이후 이 대립은 더욱 분명해진다.

해방 후 기독교의 반공 노선 강화

기독교의 반공주의는 해방 후 건국을 둘러싼 정치적 격변 속에서 한층 강화되었다. 특히 이 시기의 개신교는 내부의 다양한 분파들의 존재에도 불구하고 전면적이고 적극적인 사회 참여를 하였으며 대부분 극단적인 반공 입장이라는 공통성을 지니고 있었다. 호교 차원의 교리로서 반공을 주장했던 기독교는 정치적으로 보수 우익의 기반이 되었다. 공산주의를 기독교와 양립할 수 없는 것으로 인식한 기독교는 당시의 좌파적 변혁 움직임에는 거부의 의사를 분명히 했으며 다양한 우익적 활동에 참여하였다.

개신교가 반공을 전면에 내세우면서 정치 과정에 깊숙이 개입한 것은 이미 1920년대 이후로 표면화된 공산주의와의 갈등에 근거하고 있지만, 남한에서 활동한 유력한 정치인들좌파를 제외한다면이 대부분 기독교 신자로서 그 정체성을 나타내거나 혹은 뚜렷한 기독교적 배경을 가진 이들이라는 상황 속에서 가속화되었다. 그러나 무엇보다도 개신교의 정치화를 부추긴 원인은 남한에서 개신교에 대해 극히 우호적인 미군정이 수립되었다는 사실에서 찾을 수 있다.[39]

2차 세계대전의 종전과 함께 미국은 전 세계적인 자본주의 체제의 재편을 추진하였다. 종전 후 구체화된 냉전 구조 속에서 자본주의권을 중심으로 팍스 아메리카를 확립하여 제3세

39) 당시 '우익의 3영수'로 불린 이승만과 김구, 김규식은 모두 독실한 개신교 신자이거나 신자로서의 경력을 갖고 있다. 그리고 무엇보다 개신교 장로인 이승만 정권이 수립되었다는 사실은 우익 정치 세력의 개신교 편향을 잘 보여준다. 강인철, 위의 책, p. 265

계를 신식민지 사회로 편입시키는 것이 미국 세계 전략의 기조였다. 남한의 미군정 역시 기본적으로 이러한 정책 기조에 서 있었다. 때문에 종전終戰과 더불어 소련의 남하를 저지하고 남한을 미국 자본주의권 안에 편입시키는 것이 미군정의 점령정책이 되었다.[40]

그러나 이러한 미군정의 의도는 남한 민중의 강력한 저항을 불러왔다. 이미 말했듯이 해방 후 건국을 둘러싼 변혁운동의 전반적 지형은 좌파에 가까웠고, 따라서 미군정의 점령 정책은 마찰을 일으킬 수밖에 없었다. 하여 미군정은 남한에서의 민족해방운동과 맞닥뜨리면서 이를 탄압하고 무력화시키는 한편 미국의 의도를 관철시킬 수 있는 정치 세력을 지원, 형성하였다. 미군정은 대체로 친일 경력이 있는 자본가, 지주 출신의 인사들을 군정의 행정고문이나 고위 관료로 임명하였고, 일제 시기의 관료, 경찰 기구를 온존시켰다. 이들은 자신의 기득권을 지키기 위해 미군정에 적극적으로 협력하였고, 미군정은 공산주의에 대한 방파제로 이들을 이용하였다.[41]

공산주의에 대한 반대 입장을 분명히 했으며, 기독교의 수용, 발전 과정에서 미국과 밀착된 관계를 형성하고 있던 기독교는 해방 후 미군정에 의해 전개된 정치 과정에 깊숙이 관여하였다. 기독교는 대부분 기독교인이었던 우익 정치인들에 대한 지지 의사를 나타내며 이들에 의해 주도되는 정치 노선에 적극적으로 참여하였다. 기독교 신자들의 이러한 반공 태도는 좌·

우 대립의 상황 속에서 직접적인 행동으로 전화되고 종종 폭력까지 포함하는 경우로까지 발전했다. 이러한 경향은 기독교 청년과 학생층에서 두드러졌지만, 호전적인 반공주의는 한국 기독교 전체를 지배했다.[42)]

특히 계급적 혹은 종교적 이유로 북한의 공산주의자들과 치열하게 대결한 '체험'을 가지고 있는 월남 기독교인들이 해방 직후부터 남한 교회로 쇄도함에 따라 남한 기독교의 반공주의는 더욱 '절박한 현실성'을 갖게 되었다. 대부분 북한에서 반공 투쟁의 경험을 가지고 있던 월남 신자들은 반공 우익 정당과 단체에서 두드러지게 활동했다. 주로 젊은 층으로 구성된 서북청년회, 영락교회청년회 등 월남기독청년단체는 반탁운동, 기독교민주동맹의 창립대회장 습격, 대구 10월 민중항쟁 진압, 제주항쟁 진압 등에 관여하였으며 기독교 반공 노선의 가장 폭력적이고 적극적인 부분을 차지하였다.

그러면 해방 후 친미 반공, 친기독교 정권 수립이라는 개

40) 미국의 한반도 정책의 기본 축은 식민지 확보와 대소련 봉쇄라고 하는 두 축이었다. 이것은 소련의 참전과 북한 진주 과정에서, 미국의 한반도 기본 정책이 4대국 공동 신탁통치에서 선 점령 후 신탁통치로, 또 분할 지배 즉, 극우 세력 중심으로 한 단정수립으로 변화해 간 것을 통해 잘 나타난다. 역사문제연구소, 『해방3년사 연구 입문』(서울 : 까치, 1989), pp. 53~55

41) 한국역사연구회, 『한국역사』(서울 : 역사비평사, 1992), p. 363

42) 새문안교회 장로였던 김규식이 새문안교회 당회의 청원에 의해 노회로부터 유물론자 조사를 받은 일이나, 강원용 목사가 중도좌익이라고 소문이 나자 장로교 노회에서 그를 강단에 세우지 않기로 결의하고 사상적인 심문을 한 것 등을 보아 개신교의 반공적 태도는 내외적으로 강력하게 형성되어 있었다고 할 수 있다. 강인철, 위의 책, pp. 270~271

신교의 정치 노선에서 가장 행동적이며 극단적인 부분을 형성했던 월남 기독교인들의 의식의 연원은 어디인가? 이를 위해 우리는 북한 지역의 기독교 수용과 해방 후 북한 지역에서의 개신교와 공산정권과의 갈등과 대립을 살펴보아야 할 것이다.

북한 지역의 기독교 수용과 발전

주로 중국이나 만주로부터 전래된 북한 지역의 기독교는 남한 지역에 비해 상당히 앞서서 수용되었다. 외국인 선교사가 1884년 공식적으로 한국에 들어오기 전에 북한 지역에서는 만주 지역에서 활약하던 선교사들과 한국인 개종자들의 활동으로 한국어 성경이 번역되어 유입되었으며 1880년대에는 한국인들의 신앙 공동체가 형성되기에까지 이르렀다. 북한 지역의 이른 기독교 수용은 중국, 만주와 접경을 형성했던 지리적 여건의 영향도 있었지만 보다 근본적으로는 이북 지역에 광범위하게 형성되어있던 지역적 특성과 결부되어 있다.

역사적으로 중앙으로부터 소외와 차별을 받는 지역으로서 이북에는 그 지역적 특성으로 말미암아 예속과 굴레사상적, 신분적, 계급적, 지역적으로 광범위하게 존재하고 있던로부터 벗어나고자 하는 자유와 해방에 대한 의지가 있었으며, 자신들의 소망을 실현시켜줄

어떤 새로운 것에 대한 열망이 퍼져있었다. 당시 북한 지역에 있었던 여러 가지 종교나 사상이 그들의 갈증에 대한 시원한 해결책이 되지 못했음은 분명하다. 물론 동학천도교가 상당한 파급력으로 이북 지역에 퍼졌지만 이는 참 진리, 참 구원을 찾고자 했고, 그럼으로써 기독교를 받아들인 것과 같은 사상 의식적 토대에서 이해할 수 있을 것이다.

따라서 북한 지역의 기독교 전파는 결코 선교사에 의한 일방적 전달 과정은 아니었다. 물론 아주 초기에 한국 선교에 관심을 가진 선교사가 없었다는 말은 아니다. 다만 북한 지역에 형성되어 있던 이러한 기운은 북한 지역이 기독교를 주체적으로 수용하는 근거가 되었다는 것이다. 선교사들의 복음 전파와 북한 지역에 의한 복음의 수용이라는 2개의 큰 범주 사이에는 새 하늘과 새 땅을 목말라 하던 다양한 사람들개방적이고 독립적인 의식을 가지고 있으면서 새로운 문화와 질서에 대한 욕구가 강했던 상인들, 생존을 위해 고향을 등진 이주 농민들 차별에 절망한 지식인들에 의한 주체적 접근이라는 매개가 분명히 존재한다. 선교사들의 복음 전파는 이들 주체적 수용 세력에 의한 지원과 연합을 통해 비로소 실현될 수 있었던 것이다.

기독교 수용기에 북한 지역이 가졌던 이러한 변혁적 동인은 일제 시대에 들어서면서 강렬한 반제 반봉건 의식으로 나타난다. 기독교는 북한 지역에서의 발전 과정에서 때로는 반봉건의 선도자로, 때로는 항일민족운동의 견인차로 그 역할을 담당하였다. 특히 북한 지역 기독교의 민족운동은 남한 지역 기독교의 운동에 비해 보다 적극적이고 행동적이었다. 서울 지역의 3 · 1운동이 민족대표들의 장소 변경으로 행사가 제대로 진행되지 못하고 독립선언서만이 급작스레 낭독된 것과는 대조적으로 평안도의 3 · 1운동은 거사 계획이 매우 치밀하게 준비되고 진행되었으며 그 투쟁 양상 또한 매우 격렬하였다. 민족대표가 표방한 비폭력의 원칙은 처음부터 잘 지켜지지 않았다. 때문에 평안도는 4월 말까지 전국에서 가장 많은 피기소자와 사상자를 내었다.[43]

기독교 수용 이후 해방이 될 때까지 한국 기독교에 있어서 북한 기독교가 차지하는 비중은 매우 컸다. 이는 단지 교인수나 교역자수 등의 물량적 측면에 그치는 것이 아니라 기독교의 사회적, 민족적 행동에서 차지하는 비중에까지 이른다. 3 · 1운동 이후 각 도별 입감자를 통해 본 종교별 참여도를 나타내는 아래의 표는 이북 지역 기독교의 위상을 단적으로 말해준다.

	장로교	감리교	기타 기독교	계	전체 입감자	비율(%)	천도교(%)
경기	86	144	29	291	1,978	14.7	178(9.0)
충청	1	36	2	39	601	6.5	20(2.3)
강원	–	–	6	6	105	5.7	36(34.3)
황해	131	75	6	212	945	22.4	147(15.6)
평안	556	165	9	730	2,453	29.8	635(25.9)
함경	101	18	4	123	808	15.2	223(28.0)
전라	234	–	3	237	618	38.3	75(12.1)
경상	340	–	49	389	2,028	19.2	5(0.25)
전국	1,441	438	153	2,032	9,059	22.4	1,363(15.0)

각 도별 입감자를 통해 본 종교별 참여도

결국 북한 지역의 기독교는 복음 수용의 초기부터 반제국주의, 반봉건주의 기운이 활발했던 지역적 의식 속에서 성장했다고 할 수 있다. 비록 그 발전 과정이 서구 열강의 이해를 반영했던 선교사들에 의해 왜곡되고, 현실 사회의 모순 구조로부터 눈을 돌리는 신비주의, 내세주의의 영향으로 어려움을 겪었으나 기독교 복음은 북한 지역에 광범위하게 형성된 반제 · 반봉건의 의식과 결합함으로써 민족적 요구에 부응할 수 있었다.[44]

그러나 1920년 이후 일제의 식민지 통치 방식 변화와 함께 북한 지역 기독교는 직접적인 정치운동보다는 경제운동 및 사회운동에 치중하게 된다. 반제국주의의 민족운동의 기본적 의식으로부터 일탈하지는 않았지만, 주로 사회주의 조직과 단체들에 의해 직접적인 대중적 투쟁이 전개되었다면 기독교의 항일투쟁은 간접적, 개량적 방법으로 변화했다.

43) 북한교회사집필위원회, 『북한교회사』(서울 : 한국기독교역사연구소, 1999), p. 261

44) 『북한교회사』 p. 260

해방 후 북한 기독교와 공산주의의 대립

해방 후 북한 지역에서도 자주적인 근대국가를 수립하기 위한 움직임이 활발하게 전개되었다. 초기에는 기독교 민족주의자들이 중심이 된 건국준비위원회'건준'와 조선공산당 지구위원회가 합작한 지역별 인민위원회를 중심으로 건국을 위한 광범위한 통일전선을 구성하려는 노력이 비교적 순조롭게 진행되었다. 그러나 소련 군정의 후원과 함께 사회주의적 색채를 띈 다양한 대중조직들이 통일전선에 가세하면서 공산주의자들의 주도성이 강화되기 시작하여, 1946년 2월 사실상의 정부기구로서 통일전선정권 혹은 인민정권의 성격을 보이는 북조선임시인민위원회가 조직된 이후의 북한 정치 과정은 인민정권의 강화 그리고 통일 전선 내 좌파 지도력의 제고로 특징지어진다.[45]

공산주의 세력은 비교적 광범위한 대중적 기반과 소련 군정의 강력한 후원에 힘입어 1946년 3월부터 토지 개혁을 시작으로 1946년 6월 8시간 노동제를 규정한 노동법령, 7월에는 남녀평등권 법령을 제정하고 8월에는 중요 산업에 대한 국유화 조치를 단행하는 등 일련의 '민주개혁'을 진전시켰다.

이러한 개혁 조치들은 북한의 공산주의자들과 그들이 주도하는 인민정권에 대한 대중적 지지를 강화하는 결정적인 계기로 작용하였으며 공산주의 세력은 이를 통해 사회주의 건설의 토대를 마련하였다. 북한의 개혁은 다른 사회주의 국가와 비교해서 상당히 급진적이고 철저하게 수행되었다. 따라서 친일파, 민족 반역자 뿐만 아니라 중소 지주, 부농, 중소 상공업자들과 이에 바탕을 둔 상당수의 정치 세력이 개혁에 반발하여 월남하였으며, 이들은 남한에서 철저한 반공 세력으로 등장하였다.[46]

개신교는 북한에서 공산주의 세력이 정치적 영향력을 확대해 가는 과정에서 가장 강력하게 대립된 세력 중의 하나였다. 총 인구에서 차지하는 기독교 인구의 비율은 낮은 편이었지만, 특별히 개신교는 북한 내에서 지식층이 집결된 곳이었다. 따라서 당시의 개신교는 단순한 수치 이상의 정치적, 사회적 영향력을 행사할 잠재력을 지닌 집단이었다. 이러한 개신교 집단이 어떠한 정치적 태도를 갖고 건국을 위한 변혁 과정에 참여하느냐 하는 것은 북한 사회의 진로와 관련하여 매우 중대한 영향을 미치는 것이었다. 이로 인해 북한 공산주의 세력에 있어서 정치에 대한 기독교 부문의 비중은 결코 작은 것이 아니었다.[47]

이와 관련하여 북한 공산주의 정권이 당시 기독교에 대해 가졌던 정책 방침은, 먼저 반제 반봉건의 민주개혁이라는 통일

45) 『북한교회사』 p. 377
46) 『북한교회사』 pp. 378~379
47) 해방 당시 대략 10만~20만명의 개신교 신자들과 약 5만 3천명의 천주교 신자들이 북한 지역에 살고 있었다. 1946년 말 현재 북한 인구 925만 7천명을 기준으로 하면 당시의 기독교 인구는 총인구의 약 2~3%에 해당되었다. 『북한교회사』 p. 379

전선의 과제와 임무에 동의하는 진보적 종교 세력과는 연대하되, 친일파나 지주들로서 개혁에 반대하는 '반동적 종교인'에 대해서는 일정한 억압이 불가피하다는 것이며, 둘째로는 봉건 잔재의 청산과 민주주의적 권리 실현 차원에서 종교의 자유는 보장하되, 통일전선의 질서와 규율, 즉 사회 발전의 기본 질서가 침해되지 않는 선에서 이를 인정한다는 것이다. 그리고 마지막으로는 민족 자주성의 원칙에 철저히 입각하여 숭미崇美 사상과 제국주의 잔재를 일소해야 한다는 것이었다.

그러나 해방 후 개신교의 정치적 지향은 공산주의 세력과는 양상을 달리하고 있었다. 좌파적 성향의 개신교 세력이 주축이 되었던 건준과 초기 조선민주당의 활동을 제외하고는 대부분의 개신교 정치 활동은 공산주의 세력과 갈등을 형성했다. 1945년 9월 한경직, 윤하영 등에 의해 결성된 기독교사회민주당과 감리교, 장로교의 공식적 대표기관에 의해 결성이 추진되었던 기독교자유당은 모두 공산주의 정권에 대항하는 힘과 조직을 만들 것을 근본 취지로 하고 있었다. 그리고 그 대립은 격렬하게 일어났다.

해방 후 북한에서 기독교 세력이 공산주의 정권과 첨예한 갈등 구조를 형성했던 원인은 대략 다음과 같이 정리할 수 있다.

첫째, 기독교 세력의 공산주의에 대한 역사적인 반목의식이다. 이미 1920년대부터 사회주의 사상과 사회주의 세력이 주도하는 항일운동이 대두되었을 때부터 기독교는 사회주의에 대한 분명한 반대입장을 가지고 있었다. 때문에 소련 군정과 그들을 힘입은 공산주의 세력에 대해 기독교는 원초적인 거부감을 가지고 있었다.

둘째, 1946년 토지개혁을 필두로 해서 시행된 일련의 개혁 조치들에 대한 반감이다. 계층적으로 볼 때 북한 기독교의 가장 큰 비중을 차지하고 있던 서북 지역 개신교 신자들은 일찍부터 상인층과 민족 자본가층, 중농 이상의 농민층에 상당히 넓은 분포를 보이고 있었다. 조선민주당과 2개의 기독교 정당이 모두 서북 지역을 기반으로 하고 있었으므로, 이것은 이들로 대표되는 기독교 정치운동이 소부르주아적 성격을 보이고 있었음을 반증한다. 이와 관련하여 사와마사히코는 다음과 같은 분석을 내놓는다.

> 토지개혁은 해방 후 북한 인구의 80%에 해당하는 소작인 · 빈농에 대한 일종의 인기정책이었는데, 대부분의 기독교도는 이 정책의 수혜자라기보다는 피해자의 입장에 놓였던 것 같다. 이는 북한에서 기독교도의 사회 계층이 이른바 부르주아에 가깝고, 중소 산업 및 상업 경영자나 중소 지주, 그리고 인텔리에 집중되고 있었고, 북의 체제

가 새로운 계급으로 규정한 노동자 · 농민에는 기독교의 뿌리가 없었다는 사실을 보여준다고 할 것이다.[48]

이런 점에서 볼 때 1946년 3월에 단행된 토지개혁은 기독교 세력의 반발과 저항을 불러오는 요인이 되었다. 또한 1946년 8월에 시행된 주요 산업의 국유화 법령에 의해 과거 선교부 소속이었던 건물들이 대부분 적산으로 간주되어 몰수당했던 사실 역시 기독교의 물적 기반을 급격히 약화시킴과 동시에 기독교 세력의 반공적 태도를 강화하는 원인으로 작용했다.[49]

셋째, 북한 기독교의 미국과 이승만 정권에 대한 지지 입장이다. 해방 후 북한 기독교의 남한 선호도는 절대적이었다. 개신교 지도자 대다수가 선교사를 매개로 미국과 형성된 관계로 말미암아 친미주의적 의식을 가지고 있었으며 미국에 의해 지지되는, 개신교 장로였던 이승만 정권에 대한 동조 의사를 분명히 했다. 연합노회의 간부들은 미군정과 은밀히 연락을 하고 이승만과 밀서 연락을 취하는 등 친미적, 친이승만 정권적 색채를 강하게 드러냈다.

넷째, 공산주의 정권에 의한 종교적 박해이다. 비록 공산주의 정권이 민주주의 권리의 실현 차원에서 종교의 자유를 보장하고, 또 국가 권력이 직접 종교 영역에 개입하기보다는 개혁에 부정적인 요소들이 종교 영역 자체의 내부적 노력에 의해 청산되도록, 진보적 종교 세력을 후원한다는 방침을 가지고는 있었지만, 실제적인 방침의 적용 과정에는 강압적이고 무리한 경우가 많았다. 종교의 자유가 사회 건설의 기본 질서 내에서만 인정되는 제한적인 것이었으므로 공산주의자들에 의해서 종교의 자유가 자의적으로 침해당하는 경우가 많았다. 그리고 이러한 종교 자유의 침해는 기독교인들의 대응과 맞물려 폭력적으로 전개되기도 하였다.

북한 정권과 기독교의 대립은 기독교의 반탁운동, 46년 3·1절 행사, 46년 11월 북조선인민위원회 위원 선거 등의 사건 속에서 격화되었다. 이미 1946년 봄에 사회주의 개혁을 지지하고 공산 정권과의 통일전선적 협력을 추구하는 기독교인들이 강양욱 목사를 중심으로 독자적인 조직화를 시도하여 북조선기독교연맹을 창설함으로써 내부적으로 보수대 혁신의 갈등 구조가 형성되어 있었고, 여기에 공산주의 정권의 공세가 가속화됨으로 인해 보수적인 기독교 세력은 지속적으로 약화되어갔다.

이와 더불어 북한 기독교 세력의 약화를 더욱 촉진했던 중요한 요인으로 거론하지 않을 수 없는 것이 월남 기독교인들

48) 사와마사히코, 『해방 직후의 북한사회와 기독교』, p. 63
49) 『북한교회사』 p. 395

이다. 1946년과 47년을 거치면서 지도급 인사들을 포함한 수많은 기독교 신자들이 북한을 탈출하여 남한으로 빠져 나왔다. 이들의 월남은 공산주의 정권과 그들의 정책에 대한 반발과 저항에서 이루어졌다. 정치적, 경제적, 종교적 차원에서 이들은 그 자신을 '피해자'로 인식했고, 따라서 공산주의에 대한 '적극적 적대자'로 자신을 해석하였다. 이러한 월남 기독교인들은 남한의 정치 상황에서 반공 전선의 보루이자 행동대로 역할을 하게 된다. 그리고 이러한 월남 기독교인들의 중심에 한경직 목사가 있다. 이제 우리는 한경직 목사를 중심으로 월남 기독교인들이 남한의 보수 우익 정치 노선에 어떻게 결합되는가 하는 것을 살펴보아야 한다.

한경직의 생애와 사상, 그리고 활동

한경직은 1902년 12월 29일음력 평안남도 평원군 공동면 간리에서 농부 한도풍과 청주 이씨 사이의 맏아들로 태어났다. 그가 태어난 간리는 1895년 마펫 선교사에 의해 복음의 씨앗이 뿌려진 곳으로서 그는 어려서부터 기독교적인 분위기에서 성장했다. 그는 진광소학교, 정주 오산학교에서 수학하면서 이승훈이나 조만식으로부터 민족의식의 영향을 받았다. 이들로부터 전해 받은 민족정신과 사상은 이후 한경직의 역사적 활동에 있어 그 근저를 형성했다.

1925년 평양 숭실대학교를 졸업한 한경직은 미국 유학길에 올랐다. 당시 그가 수학하던 프린스턴신학교는 소장학자들을 중심으로 한 자유주의신학 수용론과 노장학자들의 정통주의신학 고수론 간의 신학 논쟁에 휘말려 격한 분위기였다. 그러나 그는 어느 한 편을 적극적으로 지지하지 않았다. 그는 다만 “그저 신학 자체와 성경만 배우겠다”는 입장을 견지하며 신학 공부를 마쳤다.

이 무렵 학자의 길을 꿈꾸었던 한경직에게 그의 인생 여정을 변화시키는 큰 사건이 일어난다. 바로 그가 폐결핵 3기 진단을 받은 것이다. 그는 이로 인해 학자의 길을 포기한다. 그는 미국 서남방의 뉴멕시코주에서 요양하는 가운데 하나님을 의존하는 깊은 체험을 하며 이후의 삶을 민족에 대한 봉사에 헌신할 것을 결단한다.

> 이리하여 저는 고독한 병실에서 참으로 캄캄한 시간들을 보내고 있었습니다. 때로는 하나님께서 단 2, 3년 동안만이라도 내 겨레를 위해 봉사할 수 있는 기회를 주시기

50) http://kcm.co.kr/cymf/hkj003.html, 템플턴상 수상 연설문

를 기도하였습니다.[50]

귀국 후 한경직은 잠시 숭인상업학교와 숭실대학에서 가르친 후 1932년 신의주 제2교회에서 목회를 시작하였다. 신의주제2교회에서 목회하는 동안 그는 일본 사람이 살던 집을 수리해서 쓰던 기존 건물을 대신해 1935년에 교회를 건축하였다. 그가 평생에 수많은 교회를 개척하고 설립하는 역사의 시작이었던 것이다. 그러나 그가 오산학교 출신이라는 점과 미국 유학생이었다는 사실은 일본 경찰로부터 늘 감시와 견제를 받게 한 원인이 되었다. 결국 한경직은 일제에 의해 강제로 교회에서 추방당한다.

교회를 떠나 고아들을 돌보는 보린원 생활을 하던 중 해방을 맞은 그는 패전한 전 일본인 평북도지사의 요청으로 '신의주자치회'를 조직하고, 평안북도의 치안을 담당하면서 해방 후의 정치 공간에서 활동을 시작하였다. 그러나 그의 치안 활동은 곧이어 진주한 소련 군정과 마찰을 빚기 시작하였다.

이 과정에서 한경직은 1945년 9월, 윤하영 목사와 함께 기독교사회민주당을 창당하였다. 이 당은 "민주주의 정부의 수립과 기독교 정신에 의한 사회 개량"을 정강으로 삼았으나, 보다 근본적으로는 공산당의 급속한 조직화에 자극 받고, 또 이에 대항하기 위한 목적으로 만들어졌다.[51] 기독교 사회민주당의 창당은 한경직이 정치 사회적 활동의 초기부터 공산주의에 대한 분명한 반대의 입장을 가지고 있었음을 잘 드러내주는 부분이다. 그러나 이 당은 정강에 반제국주의의 과제가 생략되어 있었고, 또 한경직과 함께 당을 창당한 윤하영 목사가 일제 말기에 적극적인 친일 경력을 가지고 있었으므로 공산주의 세력에 있어서는 협력의 대상으로 분류되기는 어려웠다.[52)]

결국 한경직은 기독교사회민주당과 공산주의 세력의 대립이 격화되기 시작한 45년 10월에 윤하영 목사와 함께 월남의 길을 택하게 된다. 북한 기독교, 특히 서북 지역의 개신교에 있어서 상당한 영향력을 행사하던 한경직의 갑작스런 월남은 기독교사회민주당의 당세 약화뿐만 아니라 북한 기독교 전체의 급격한 위축을 초래하게 하는 원인이 되었다.

월남한 한경직은 1945년 12월에 서울에서 영락교회를 세우고 월남 기독교인들의 구심점 역할을 함과 동시에 청년, 학생들을 중심으로 한 반공 활동에도 깊은 관련을 맺는다. 미군정 하에서 경찰, 군대와 함께 민중들의 투쟁을 폭력적으로 억압하는데 앞장섰던 서북청년단은 월남한 영락교회 청년들이 중심이 되었으며, 1947년 역시 영락교회에서 월남한 보수 우익 학생들의

51) 애초에는 '민주당'이라는 당명으로 창당하려 하였으나 대지주의 횡포를 막고 대기업의 국가관리를 위해 '사회민주당'으로 당명을 변경한 것은 소극적이나마 소련 군정이 성립될 즈음의 북한 이데올로기 지형의 '좌경화' 현상을 반영한 것이기도 하다. 북한교회사집필위원회, 위의 책, p. 388

52) 『북한교회사』 p. 389

총 결사체인 「이북학생총연맹」이 결성되기도 하였다. 한경직은 이러한 활동의 구심이자 지주였다. 한경직에게 있어서 공산주의와 기독교의 대립은 '악마와 천사간의 전쟁'이었다. 그러므로 반공 투쟁은 곧 '기독교 수호 투쟁', 즉 성전이었던 것이다.[53)]

서북청년단이 중심이 된 보수 우익의 폭력과 테러에 대해서 한경직은 반공 투쟁의 명분 속에서 그것을 정당화하고 지지하였다. 한경직의 다음의 언급은 이것을 잘 말해준다.

> 그때 공산당들이 이남에 많지 않았시오? 그런데 그들이 「기독교연맹」을 서울에 조직하려고 했단 말이외다. 거기서 누구를 업었는고 하니 전에 감리교 신학교 교수로 있었고 33인 가운데 한분인 김창준 목사를 업고서 창립총회를 시천교당(侍天教堂)에서 한다고 했시오. 그런데 그걸 알고서 우리 교회 청년들이 문을 차고 쳐들어가서 모조리 흩어서 못하게 해 버린 일도 있시요.[54)]

> 또 그때 '신탁통치' 문제가 나오지 않았시오? 그때도 우리 영락교회를 중심으로 적극 반대도 하고 그랬지요. 나는 절대 반대니까 아예 타협은 안했시오. 그때 공산당이 많아서 지방도 혼란하지 않았갔시오. 그때 「서북 청년회」라고 우리 영락교회 청년들이 중심되어 조직을 했시오. 그 청년들이 제주도 반란 사건을 평정하기도 하고 그

랬시오. 그러니까니 우리 영락교회 청년들이 미움도 많이 사게 됐지요.[55)]

2차 세계대전 후의 세계 체제는 미 · 소를 중심으로 한 냉전 구조가 세계적으로 전일화 되어가는 상황이었다. 미군정의 영향 아래 있는 남한에서도 이러한 냉전 논리는 남한의 정치적 상황을 규정하는 가장 큰 동인이었다. 한경직을 중심으로 한 보수 우익 기독교는 남한에서 이러한 냉전 구조와 그것에 기초한 정치 판도를 형성케 한 동력이었다.[56)] 한경직은 공산주의를 타

53) 이승준은 한경직의 공산주의 인식과 비판이 단순히 냉전 구도의 산물임을 부정한다. 그가 공산적 사회주의 혹은 고전적 공산주의의 긍정적 요소를 인정하면서도 현실의 공산주의 즉, 마르크스주의에 대해서는 단호하게 거부한 것은 한경직의 공산주의 이해가 냉전구도의 교조주의라는 제한된 상황논리를 넘어 보다 근본적인 '신학적 인간론' 에 대한 성찰을 근거로 하고 있다는 것이다. 이승준, "한경직 목사와 한국전쟁", 『한국기독교와 역사』15(서울 : 한국기독교역사연구소, 2001), pp. 31~32. 그러나 이미 당시의 공산주의 비판이 신학적 이해를 포함하여 다양한 철학과 사상, 문화를 토대로 하여 형성되었고, 또 적어도 현실적인 정치적 태도에 있어서 차별성이 거의 없었다는 것으로부터 보아도 한경직의 공산주의 이해를 당시의 냉전 구도와 차별화 시키려는 노력은 큰 의미를 갖지 못한다고 하겠다.

54) 한숭홍, 『한경직의 생애와 사상』(서울 : 장로회신학대학 출판부, 1993), p. 138

55) 『한경직의 생애와 사상』 p138

56) 이승준은 한경직이 공의의 터 위에서만 건설될 수 있다는 평화에 대한 한경직의 철저한 인식이 또한 역설적으로 공의를 확보하기 위한 그의 투쟁적 강성의지를 불태웠지만, 한경직은 민족상잔조차도 공의나 섭리를 근거로 정당시하려는 '의로운 전쟁' 관과는 거리가 있었다고 말한다. 그러면서 이승준은 민족의식을 바탕으로 한 한경직의 평화론에도 불구하고 그에게서 강력한 반공주의적 투쟁 이미지가 흔히 발견되는 것도 또한 사실이라고 말하면서 이를 '역설적인 긴장' (paradoxical tension)이라는 다소 모호한 말로 정리한다. 이승준, 위의 책, pp. 33~36. 그러나 1945년부터 한국전쟁을 전후한 시기까지 한경직의 반공 투쟁은 이미지 차원을 넘어 실질적인 행동가에 가까우며 이것은 이승준이 비록 부정했지만 '의로운 전쟁' 이었다고 말하지 않을 수 없다. 이 부분에 대한보다 자세한 문제제기는 이승준의 논문에 대한 한규무의 논찬을 참조.

도의 대상, 말살의 대상, 인류의 적으로 간주했으며 자신을 철저한 반공주의자요, 멸공운동의 선두 주자로 인식했다.[57] 때문에 한경직과 월남 기독교인, 그리고 그들이 중심이 된 보수 우익 기독교의 반공주의는 기독교 전체가 냉전 체제 안으로 자연스럽게 흡입되도록 하는 이데올로기적 매개체가 되었으며 해방 후 건국을 둘러싼 변혁운동에서 공산주의와 철저하게 대립하는 정치 구조가 형성되는 토대가 되었다.

한경직은 기독교를 통한 중생, 즉 복음 전파야말로 구령사업이요, 사회개량운동이요, 애국과 건국운동으로 이해했다. 그것이 하나님 나라를 대망하는 기독교인들의 사명이었던 것이다. 그런데 공산주의는 절대로 이 하나님 나라에 포함되어서는 안될 요소였다. 때문에 그는 사회적 부정의와 정치 · 경제적 억압이 존재하는 상황 속에서도 "사회운동으로 사회가 불안해지므로 말미암아 공산주의를 이롭게 해서는 안된다."[58]는 이유 때문에 자신을 포함한 기독교의 침묵을 요구했다. 그리고 이 침묵은 이후 한국 현대사의 왜곡된 정치 상황 속에서 그대로 이어졌다.

한경직은 이러한 정치적 태도를 교회와 국가 간에 존재해야 할 불간섭주의라고 주장한다. 교회의 사회적 기능은 불간섭의 원칙 안에서만 존재 할 수 있는 것이다.

> 오늘 우리 한국에 있어서 제일 중요한 일은 철저한 반공 정신과 국력 배양으로 북괴의 재침략을 막아야 하며

> 우리 사회를 좀먹는 부정부패와 온갖 부조리를 일소해야 하며 경제 발전에 따르는 한 폐단인 빈부의 격차 혹은 현격을 막아 온 국민이 같은 혜택을 입고 잘 살 수 있는 나라를 만드는데 있습니다. 다만 이 사회 참여에 대하여 우리가 기억할 것은 교회와 정치는 반드시 분리되어야 합니다. 교회로써 정치에 직접 간여할 수 없고, 국가로서 또한 교회 내정에 간섭할 수 없습니다.[59]

결국 한경직은 철저한 반공주의라는 강력한 정치노선을 가지고 있으면서도 '현실 정치 과정에의 불간섭' 이라는 모순된 태도를 보임으로써, 반공주의 정치노선을 가진 보수우익 집단이 민중적 기반의 취약성과 매판적인 한계에도 불구하고 해방 후의 주류 세력으로 자신을 강화할 수 있도록 용인하였다. 이 과정 속에서 기독교가 정치적 주류 세력과 같은 행보를 걷게 되었음은 당연한 결과이기도 하다.

57) 『한경직의 생애와 사상』 p. 128

58) 『한경직의 생애와 사상』 p. 213

59) 한경직, 『설교논집』 12, 기독교문사, 1987, pp. 420-421 해방 후 한경직의 반공주의에 의한 기독교국가건설 이상에 대한 평가는 정성한, 『한국기독교 통일운동사』(서울:그림심, 2003), pp 74~75 참고.

제5장

민주혁명을 위해 하나님 나라를 실험한

강양욱

사회주의 국가 건설 후 북한교회의 갈 길

강양욱은 한국 기독교 역사에 있어서 해방 전까지만 해도 매우 낯선 이름이다. 그가 한국 기독교사에서 뿐만 아니라 현대사의 전면에 출현한 것은 1945년 8 · 15 해방 후 북조선 건설 과정이다. 일본 제국주의의 억압과 착취에서 해방된 우리 민족은 불행하게도 제2차 세계대전에서 승전한 연합국들의 전리품으로 취급되었다. 그것이 바로 얄타협정과 카이로 회담에서 결의한 미 · 소의 남북한 분할 점령이었다. 따라서 해방은 남북의 분단과 함께 민족간의 이념 대립과 체제 내적 갈등을 불러왔다. 특히 북한 사회는 공산주의 국가인 소련에 의해 점령됨으로써 혼란과 충격이 매우 컸다. 그것은 한국인들의 의식 속에 미국은 서구 세계를 대표하는 선진국가로 '아름다운 나라美國' 로 보았던 것과 달리 소련은 우리가 잘 모르는 '생소한 나라蘇聯' 였기 때문이었다. 더욱이 일본의 식민지 하에서 반제, 반봉건 해방운동을 벌인 공산주의자들에 대한 탄압과 부정되고 왜곡된 소련에 대한 인식은 해방 후 한국 민족 속에 맹목적인 반공주의 심리 구조를 만들어내기도 하였다. 특히 한국 기독교의 2/3의 교세 분포를 갖고있던 북한교회는 소련의 북한 지역 점령이 매우 위협적이지 않을 수 없었다. 그것은 무엇보다도 기독교가 공산주의와는 공존할 수 없는 적대적 관계란 것이다. 그 첫 번째 이유는 공산주의가 유물론을 주장하는 무신론이기 때문이고, 다음으로는 사적 자본론을 인정하지 않는 공동 생산, 공동 분배의 국가 소유제를 기반으로 하기 때문이다. 그리고 마지막으로 언급할 수 있는 것은 이 땅에 선교사를 파송한 선교 국가로서의 미국에 대한 선호도이다. 이와같은 북한 교회의 미국과 소련을 비롯한 세계에 대한 대외 인식과 이데올로기에 대한 이해는 해방 공간에서의 북한 사회주의 국가 건설 과정에서 인민정권과 대립하거나 갈등을 야기할 수 밖에 없었다. 이 대립과 갈등의 와중에서 크게 떠오른 인물이 강양욱 목사이다. 그는 북한 사회 건설에 최고 지도자인 김일성 다음의 제2인자로 북조선 임시 인민 위원회 서기장으로 지도력을 발휘하였다.

강양욱康良煜, 그는 누구일까? 많은 이들이 평가하듯이 그는 공산주의 세력의 앞잡이로 교회와 목사직을 헌신짝처럼 버리고 스탈린주의적 공산주의자가 된 가롯 유다인가?[60] 그리고 북한 지역을 신앙의 동토凍土 지대로 만든 죄악을 저지른 용서받지 못할 자인가?[61] 아니면 그는 북한 사회의 민주혁명과 남북통일의 길을 위해 자신을 희생한 종교와 진보 정치의 예언자[62], 그리고 조국과 민족을 위하는 '좋은 목사'[63]였을까?

본 글은 해방 공간에서 강양욱 자신이 가졌던 현실 인식과 정치적 행동을 중심으로 앞서 제기한 물음에 답하고자 한다.

단, 이 글은 오늘날 남북교회의 만남과 교류가 활발히 진행되면서도 강양욱에 대한 자료를 제한적으로 활용할 수밖에 없는 한계를 갖고 있다. 그것은 강양욱에 대한 북한 자료들이 김일성과의 관계에서만 단편적으로 기술되어 있기 때문이다.

강양욱과 인민정권의 민주혁명

강양욱은 1904년 12월 7일 평안남도 대동군 용산면 하리 칠골에서 출생하였다. 그 마을은 강씨 부락으로 강양욱은 김일성의 외할아버지인 강돈욱의 6촌 동생이었다. 강돈욱은 일찍부터 기독교를 받아들였으며, 칠골교회 장로로 강씨 집안에 복음을 전하여 전 가족들이 기독교 교육을 받은 것으로 알려지고 있다. 이러한 가족적 배경 속에서 강양욱은 기독교 신앙의 분위기에서 자라 평양 숭실학교를 중퇴하고, 일본에 유학, 중앙대학 예과를 수료하였다. 그리고 다시 한국에 돌아와 고향 마을인 칠골 마을에 강돈욱이 세운 창덕학교에서 교사로서 일하기도 하였다. 그런데 그는 돌연 늦은 나이에 신학교로 가서 1943년 평양장로회신학교38회를 졸업하고 목사가 되었다.

그는 훌륭한 웅변술과 음악적 소질로 많은 기독교인들에게 감동을 주는 부흥사로 나서 한 때 제2의 김익두 목사라고 불릴 만큼 목회자로서의 자질을 인정받았다. 그리고 1945년 해방 직전에는 평양에 있는 고정교회에서 시무하였다. 강양욱이 북한 사회와 교회의 우뚝 선 지도자로 나섰던 것은 해방 후 북한의 사회주의 국가 건설 과정에서이다. 소련의 후원을 받으며 북한 사회의 젊은 지도자로 부상한 항일 빨치산 운동가 김일성은 외증조부인 강양욱을 포섭하여 북한 교회 세력을 사회주의적인 민주혁명에 동원하려 하였다. 그래서 북한 최초의 권력기구인 북조선 임시 인민 위원회를 구성하고 위원장 김일성, 부위원장에는 김두봉, 그리고 서기장은 강양욱이 맡았다. 북조선인민위원회는 20개의 정강을 발표하고 북한의 민주 기지 역량을 강화할 반제, 반봉건 민주혁명을 본격적으로 추진해 나갔다. 토지개혁을 시작으로 노동법령과 남녀평등법을 제정하고 주요 산업을

60) 김창순, 『북한 민주통일 운동사 – 평안남도편』(서울 : 세진문화사, 1990), p. 295

61) 고태우, "북한교회와 강양욱", 『북녘의 남은 자들을 위한 기도』(서울 : 은석논장, 1989), pp. 66~67

62) 안나 루이스 스트롱, "북한1947년", 김남식 외 『해방전후사의 인식』 제5권, (서울: 한길사, 1990), p. 517

63) 『평양신문』, 1987년 6월 27일

국유화하며, 사법과 교육제도를 정비하였다. 강양욱은 해방 후 북한 사회에 절대적 영향력을 가지고 있던 교회를 이 일에 동원할 책임과 사명을 맡았다. 그러나 그 일은 결코 쉬운 일이 아니었다.

앞서 지적한 바대로 북한교회의 반공주의적 정서는 북한 사회에 사회주의 국가 건설에 반대하며 토지 개혁을 비롯한 민주 혁명 정책 노선에 전면적으로 대립하였다. 이것이 1946년 11월 13일 주일 선거 문제와 더불어 북한 교회의 정치화 문제를 야기시키는 폭력 사태들로 노출되었다.

북한교회의 정치 세력화와 토지 개혁

북한교회는 북한 사회의 재건이 소련의 점령 하에서 사회주의적 성격으로 진행되는 것에 민감히 반응하며 정치 세력화를 추진하였다. 1945년 9월 초 한경직, 윤하영의 기독교사회민주당 조직이 그 첫 번째로 세력화되었지만 이것은 지역 결성 과정에서 와해되고 말았다. 그 외에도 북한 기독교인을 중심으로 기독교자유당 창당 움직임이 있었으나 북한 사회에서 공식적인 정치 세력화는 조선민주당으로 집약되었다. 조선민주당은 조만식을 중심하여 11월 3일에 결성되어 3개월 후에는 무려 50만명으로 증가하는 영향력을 보였다.[64] 이들의 계급적 기반은 중소기업과 수공업자, 소상인, 중농 이상의 농민층으로 다양한 소부르조아적 요소를 갖고 있으며 구성원은 기독교인들이 주축을 이루었다. 따라서 해방 공간에서의 북한 사회의 재건 문제는 민주혁명을 추진하는 인민정권과 이에 반대하는 기독교 세력 및 친일 자본가 사이의 정치 권력 투쟁의 문제였다. 이와 같은 현실 권력 투쟁의 과정에서 강양욱이 선택한 정치 노선은 무엇인가? 안나 루이스 스트롱이 전하는 바에 의하면 강양욱은 "교회가 민주주의를 발전시키고, 진보적인 법안을 제정하는데 참여해야 한다."[65]고 믿고 있었다.

> 일제 치하에서 종교와 정치는 전혀 별개여야 했습니다. 어떤 이들은 아직도 그러해야 한다고 하죠. 그러나 나는 민주국가의 모든 시민과 조직은 좋은 법안의 통과를 추진하는 일에 참가해야한다고 생각합니다.[66]

강양욱은 일제 식민 치하에서 한국교회가 정교분리政敎分離를 주장했으며, 민족 문제에 관여할 수 없었던 그 한계적 상황

64) 연세대대학원 북한 현대사 연구회, 『북한 현대사 1』(서울 : 공동체, 1989), p. 329
65) 안나 루이스 스트롱, 위의 책, p. 516
66) 안나 루이스 스트롱, 위의 책, p. 516

을 말한다. 그러나 그는 기독교인들도 북한 사회의 구성원으로 북한 사회의 건설에 참여해야 한다는 점을 역설하였다. 위의 글에서 그가 말하는 좋은 법안은 토지 개혁을 비롯한 민주개혁 법안들이다. 그러나 북한 교회의 계급적 기반이 소부르조아적 상황에서 이것들에 동의하고 적극적으로 협력하기란 말 그대로 자기의 계급적 기반을 포기하고 부정하는 사회적 죽음인 것이다. 특히 교회의 지도자들인 목사들은 더욱 소극적일 수밖에 없다. 강양욱은 그 이유를 목사들이 신앙이 아니라 토지를 더 걱정하는 교회의 중심 세력인 지주계급의 입장을 대변했기 때문이라는 것이다. 그렇다고 적극적으로 토지개혁을 비롯한 민주혁명을 반대할 수도 없었다고 강양욱은 다음과 같이 목사들의 정치적 행태의 이중성을 비판하였다.

> 내가 그때에 목사들은 토지개혁에 대해 어떤 입장을 취했는가를 묻자 그는 미소를 지었습니다. 목사들 중에 일부는 개인적으로 그것에 대해 좋지 않게 말했습니다. 왜냐하면, 그들의 신도들 중에는 지주들이 있었으니까요. 그러나 아무도 토지 개혁에 대해 공개적으로 감히 반대하지 못했습니다.
>
> "정부가 두려웠나보지요?" 그는 깜짝 놀랐다.
>
> 아, 그렇지 않아요. 그들은 신도들 중에 농부들이 두려웠던 거죠. 농부들은 목사들이 신앙의 가르침에 거역하고

있다고 말하곤 했지요. 성경에도 가난한 자들에게 주라 일하지 않는 자 먹지도 말라고 하지 않았습니까? 그런데 어떻게 목사가 대놓고 토지개혁에 반대할 수 있겠습니까? 그러면 성경 말씀을 거역하는 일이 될 텐데요.[67]

대담의 글 속에서 비춰진 강양욱의 생각을 몇 가지 정리해 보자. 첫째 그는 북한교회의 평신도 구성원들보다 교회 지도자인 목회자들의 정치적 판단과 역할을 매우 중요하게 보고 있다는 점이다. 둘째는 그가 교회가 민주적인 법 개정과 제도 형성이라는 현실 정치 과정에 적극적으로 참여해야한다고 생각하는 점이다. 셋째는 그가 성서를 가난한자, 노동자의 시각에서 보는 성서 해석의 관점을 가지고 있다는 점이다.

강양욱은 이러한 생각을 가지고 해방 후 북한 사회 재건 과정에서 공산당과의 통일전선을 추구하려는 북한 지역의 좌파적 기독교인들의 지지 하에서 독자적인 조직화를 시도하였다고 본다. 이것이 1946년 봄 북조선기독교연맹의 결성이다. 이 연맹의 초기 정치적 성격은 북한 사회 건설 과정에서 민주혁명 노선을 지향하는 인민정권에 반대하는 11월 3일 주일 선거 문제에서 뚜렷이 드러났다.

67) 안나 루이스 스트롱, 위의 책, p. 517

주일 선거 반대와 조선기독교도연맹 창립

김일성을 주축으로 하는 북조선임시인민위원회는 1946년 3월 토지개혁을 시작으로 공산체제 구축을 해내가는 과정에 커다란 난관에 부딪히게 되었다. 그것은 다름아니라 도, 시, 군 인민위원회 선거일을 11월 3일로 잡고 선거 준비 작업을 진행하던 중 북한교회의 극렬한 반대에 봉착한 것이다. 북한교회는 다음과 같은 이유로 인민정권의 민주개혁 노선에 반대 입장을 밝혔다.

> 1. 성수 주일을 생명으로 하는 교회에서 주일에는 예배 이외에 여하한 행사에는 참가하지 않는다.
>
> 2. 정치와 종교는 엄격히 구분한다.
>
> 3. 예배당의 신성을 확보하는 것은 교회의 당연한 의무요, 권리이다. 예배당은 예배 이외에는 여하한 경우에도 이를 사용함을 금지한다.
>
> 4. 현역 교역자로서 정계에 종사할 경우에는 교직을 사면해야 한다.
>
> 5. 교회는 신앙과 집회의 자유를 확보한다. 68)

이에 강양욱을 중심으로 한 북조선기독교연맹1946년 봄 창립은 김일성 정부에 대한 지지와 선거 참여 의사를 밝히는 성명을 발표하였다.

1. 우리는 김일성 정부를 절대 지지한다.
2. 우리는 남한 정권을 인정하지 않는다.
3. 교회는 민중의 지도자가 될 것을 공약한다.
4. 그러므로 교회는 선거에 솔선 참가한다.[69]

그리고 강양욱은 11월 3일 주일 선거 반대 결의를 발표한 북한 교회의 중심 지도자들을 만나 그들을 설득하려 했지만 그것이 용이치 않았다. 결국 강양욱은 이 사실을 북조선 임시 인민위원장인 김일성에게 보고하였다. 김일성은 북한 교회의 장로교와 감리교의 대표격인 목사 10여 명을 불러 설득을 하였다. "민주 선거가 좋은 일이라는 것을 인정한다면, 인민의 대표를 선출하는 선거에 교인들을 참가하지 못하게 할 근거가 없지 않는가? 교회에서도 안식일에 장로나 집사를 선거하는 일이 있지 않은가?"[70] 그러나 이 설득을 위한 만남은 효과가 없이 오히려 북한 교회와 국가 권력 사이에 갈등을 노골화시켰다. 김일성은 이들을 "교인들의 적이며 전체 조선 인민의 적"[71]이라고 비난하

68) 『북한교회사』 p.398
69) 김양선, 『한국기독교 해방 10년사』, (서울 : 대한예수교장로회총회 종교교육부, 1956) p. 69
70) 김홍수, "조선 기독교도 연맹과 국가", 『한국기독교와 역사』제7호, p. 229
71) 김일성, 『김일성 저작 전집 1』(평양 : 조선노동당 출판사, 1967), pp. 119~118

며 친정부적인 교회 조직의 강화를 절감하였다. 따라서 1948년 11월 28일 북조선기독교도연맹의 창립 총회를 통한 가시적 조직화는 바로 이러한 배경에서 이루어진 것이다.

강양욱은 이 일에 중심적 역할을 하며 북한 교회의 지도자들을 북한 기독교도 연맹에 참여시켰다. 기독교도연맹 조직에 대해 비판적인 관점을 가지고 있는 계창주의 글에 의하면 강양욱은 영미英美인의 자본주의 보다도 소련의 공산주의가 기독교에 가깝다는 것을 강조하였고, 특별히 사도 시대에 성령을 받고 나서 성도들의 유물을 상통한 것은 그 적례라고 북한 교회의 목사들을 설득하였다고 한다[주]. 강양욱의 일에 감리교회의 홍기창 장로, 장로교회의 박상순 목사, 곽희정 목사 등이 활동적으로 조직원 확보에 협력하였다. 그러나 이들은 북한 교계에 크게 영향력이 있는 지도자들이 아니었기에 강양욱은 김익두 목사를 기독교도 연맹의 대표격인 최고 위원장으로 내세워 창립대회를 열었다. 이 자리에서 발표된 북조선기독교도연맹기독교도 연맹으로약칭의 〈강령〉은 다음과 같다.

1. 기독교의 박애적 원칙에 기초하여 인민의 애국열을 환기하며, 조선의 완전 독립을 위하여 독립 사업에 일치 협력하고,

2. 민주 조선 건국의 해독인 죄악과 항쟁하고 도의 건설을 위하여 분투할 것.

3. 언론, 출판, 집회, 결사 및 선교의 자유를 보장하기 위하여 전력할 것.

4. 기독교의 발전을 위하여 매진할 것.[72]

〈강령〉은 기독교 사랑의 원리를 따라 북한 사회주의 국가 건설에 전적으로 기여할 것을 명백히 하고 이에 걸림돌이 되는 죄악과 싸울 것을 천명하였다. 이 죄악과의 싸움에는 북한 사회주의 국가 건설에 반대하는 계급과 교회도 포함되었다. 창립대회는 위원장에 김익두 목사, 부위원장에 김응순 목사 그리고 중앙위원으로 강양욱을 비롯한 김치근, 배덕영, 박종수, 박성채, 박성순, 조희련, 강석호, 변동주, 김은석, 최수걸, 나시산, 이피득, 김은순, 김태운 등 15명을 임명하였다.[73] 당시 기독교도연맹에 대한 정확한 통계 자료가 없지만 북한 지역 개신교 목사의 1/3 정도가 참여한 것으로 알려지고 있다. 지역적으로는 평안도 지역보다 함경도와 황해도가 주를 이루었다. 강양욱은 기독교도연맹이란 조직적 힘을 바탕을 북한 교회의 주도권을 장악하며 민주혁명 노선에 반대하는 교회 조직이나 개인을 해체하거나 제거하는 역할을 담당하였다.[74]

72) 『북한교회사』 p. 396

73) 고태수, 『북한의 종교정책』(서울 : 민족문화사, 1989), p. 125

74) 홍만춘, "북한 집권 초기의 기독교와 강양욱", 김홍수 편,『해방후 북한 교회사』, pp. 362~363

그러나 강양욱의 이러한 북조선 사회주의 건설 과정에의 참여가 그렇게 순탄하지 만은 않았다. 강양욱에 대한 북한교회의 비난과 반발은 그가 북조선임시인민위원회라는 중앙 권력 기구에 소속되어 북한의 종교 정책을 입안 기획하는 초기 단계에서부터 있어왔다. 그 비난과 반발의 내용을 요약해보면 다음과 같다.

첫째, 강양욱이 기독교를 배신하였다는 것이다. 그 예는 그가 소련 군정의 부당성과 민생고民生苦에 시달리는 북한 농민의 사회상을 더 이상 묵과할 수 없어서 일으킨 평양학생동맹 휴교 사건을 무력으로 제압하고 주동자들을 모두 시베리아로 유형 보내도록 소련 군정에 조언했다는 것이다. 주동자들의 대부분이 기독교 학생이거나 기독교 가정의 자녀들이었음에도 불구하고 말이다.

둘째로는 강양욱이 북한교회를 분열시켰다는 것이다. 그 예로 그는 북한 지도자들이 3.1절 기념 예배를 북조선임시정치위원회에서 개최하는 것을 거부하고 장대현 교회에서 별도로 기념 예배를 드린다는 정보를 파악하고 2월 25일과 26일에 평양 시내 교회 지도자들과 교역자들을 각 관할 보안서 유치장에 감금, 그들을 회유 설득하여 분열을 획책하였다는 것이다.

셋째는 강양욱이 과도하게 권력에 집착하고 있다는 것이다. 그가 조선민주당을 와해, 약화 시키고 공산당의 예속 정당으로 전락 시켰을 뿐만 아니라, 조만식 대신 실세를 장악하였다는 것이다. 이상과 같이 강양욱에게 북한 교회 보수 세력의 증오와 공격의 화살이 집중되었다. 그 와중에 그는 1946년 3월 12일 테러로 아들과 딸을 잃고 그의 아내는 부상을 당하기까지 하였다.[75]

아직 끝나지 않는 평가

강양욱은 그는 과연 누구인가? 이 글의 첫머리에서 물었던 물음을 되물으며 우리는 당시 북한교회 보수 세력들의 강양욱 비판에 대한 대답을 통해 그를 평가하고자 한다.

1. 강양욱은 과연 기독교를 배신한 가롯 유다인가? 그는 어디서고 기독교를 부정한 적이 없다. 단지 역사적 기독교로서 한국교회의 친미성과 부르조아적 성향을 비판하였을 뿐이다. 1972년 8월 평양에서 열린 남북적십자회담에서 한국 대표단을 수행한 기자들과의 회견에서 강양욱은 다음과 같이 말하고 있다.

75) 김창순, 위의 책, pp. 296~303

문: 당신은 목사인줄 아는데 현재 개인적인 신앙생활에 대해 말씀해 주시지요.

답: 예, 내 자신의 신앙생활은 과거와 다를 바가 없습니다.

문: 강목사께서는 하나님의 존재를 믿고 계신지요?

답: 내가 목사인데, 안 믿을 수가 있습니까?

문: 북한의 기독교 현황을 말해주시지요?

답: 미제국주의가 도발한 침략 전쟁 3년 동안에 미제의 폭격으로 교회가 다 없어졌습니다. 다 파괴되었으니까 미군을 따라온 종군 목사들이 선전하기를 미국을 반대하는 것은 하나님을 반대하는 것이라고 미국에 복종시키기 위한 술책을 섰습니다. 미국 선교사들이 종교를 선전했는데, 교회를 파괴한 것은 미국 선교사들이었습니다. 북반구에서 미국인 선교사들이 선교를 많이 했지만, 말아먹기도 했습니다.[76]

2. 강양욱은 과연 북한 교회를 분열시켰는가? 이것은 강양욱 개인의 정치적 노선 선택 이전에 미소의 한반도 분할 정책이 북한 지역에 자본주의적 기독교와 사회주의적 기독교를 병존할 수 없는 상황을 만들었다는 것을 인식해야만 한다. 그리고 북한 교회의 분열은 일본의 식민지 하에서 자본주의화 과정을 거치면서 형성된 북한 교회의 소부르조아적 반공주의 성격이 민주혁명 과정에서 통일 전선을 형성하여 연대 협력할 수 없는

분열의 요소로 작용하였다. 따라서 강양욱의 진보적 정치 노선이 이들과 대립되었을 뿐 그가 분열을 초래한 궁극 원인자는 아닌 것이다.

3. 강양욱은 과연 권력에 과도하게 집착하였는가? 강양욱은 북조선인민위원회의 출범부터 줄곧 북한 사회의 권력 핵심부에서 1948년 최고인민회의 상임위원회 서기장, 1959년 조선민주당 위원장, 1960년 조국평화통일위원회 부위원장, 1972년 부주석, 1981년 사회민주당 중앙위 위원장, 1982년 국가 부주석 등 1983년 1월 사망하기까지 고위 권력자로 화려한 정치 역정을 드러내었다.[77] 따라서 강양욱은 북한 사회의 부단한 권력 투쟁 속에서 일생을 통해 현실 권력을 추구한 것이 분명하다. 그러나 한 가지 우리가 구분해서 그를 평가해야 할 것은 해방공간에서의 그의 활동은 권력의 추구 이전에 북한 교회의 힘과 잠재력을 통한 하나님 나라의 이상을 실현해보고자 한 모험적 기독교 사회주의였다는 것을 기억해야할 것이다.

76) 김광수, 『북한 기독교 탐구사』(서울 : 기독문화사, 1994), pp. 279~280
77) 백중현, 『북한에도 교회가 있나요?』(서울 : 국민일보, 1998), p. 278

해방 정국과 기독교 건국운동

해방 정국은 한국 현대사의 중요한 분기점이었다. 그것은 "일제의 식민지 억압으로부터 벗어난 우리가 자주적인 통일민주국가를 세우느냐 아니면 또다시 외세 지배적인 분단국가가 되느냐?"하는 선택의 기로였기 때문이다. 물론 해방이 우리의 주체적 노력만이 아닌 제2차 세계대전의 승전으로 연합군 측에 주어진 것이었기에 그 실질적인 힘은 미국과 소련에 있었던 것이 사실이다. 그러나 해방은 결코 외부로부터 주어진 것만은 아니다. 일제 하 중국을 비롯한 국외에서 무수한 고난과 박해 속에서 독립투쟁을 해온 임정의 민족 세력들과 국내에서 3·1 운동 이후 식민지 모순에 계급론적인 혁명 노선을 견지한 사회주의 세력과 개량주의적 계몽운동을 펼쳐온 기독교 민족운동 세력들이 해방 정국의 큰 변수로 작용하였다는 것도 간과할 수 없는 사실이다. 따라서 해방 정국 아래서 한국 민족의 진로 선택은 외세에 모든 것을 돌릴 수는 없는 것이다.[78] 특히 미소의 분할 점령 하에서 남한 정국은 북한 정국보다 자주적 선택의 기회가 더 주어졌다는 측면에서 그 선택 주체와 상황에 관한 연구가 필요한 것이다.[79] 해방 후에 남한 정국의 정치 세력 구성과 국가 형태 결정에 일정 부분 영향력을 끼친 한국 기독교의 건국운동을 다음과 같은 문제들을 중심으로 논구하고자 한다.

첫째, 한국 사회의 서구 근대화 과정과 일제 36년의 식민지 시대를 중첩적으로 경험해 온 교회로서 8 · 15 해방을 역사적으로 어떻게 해석하는가. 그리고 한국교회는 해방 정국의 다양한 정치 세력 집단들과 건국운동을 사이에서 어떠한 정치적 위상과 영향력을 가지고 건국 이념을 제시하며 국가건설 운동에 참여하였는가.

둘째, 해방 정국에서 한국교회의 일제 잔재 척결과 연관된 교회 재건과 함께 자주적 통일을 이루는 국가 재건의 이중적 과

78) Bruce Cummings 『Korea Place in the Sun : a modern history』, (New York : W. Norton & company, 1997) 한국현대사, 김동로 외 공역(서울 : 창작과 비평사 2001) p. 263

79) 윤경로 "8 · 15해방과 분단에 대한 역사적 이해", 한국기독교 역사연구소, 『한국기독교와 역사 제 2호』1992, p. 38 이점에 대하여 윤경로 교수는 다음과 같이 말하고 있다. "다시 말해 8 · 15해방 후 단순히 하나님의 은총으로 인식했던 일차적이고도 공공적인 인식에서 한 걸음 더 나아가 그것이 초래한 민족사적인 문제 곧 민족 분단의 단초로서 8 · 15에 대한 기독교사적인 인식을 할 때가 되지 않았는가라는 점이다. 예컨데 민족 분단에 대한 원인을 과거 한국 기독교가 안고 있었던 내재적 요인에서 즉, 한국 기독교사적 시각에서 바라볼 때가 되지 않았는가 하는 것이다."

제를 어떻게 해결하려고 하였는가? 이 두 가지 역사적 과제를 실천하려는 한국교회의 통합기제와 세력 구성은 어떠하였는가.

셋째, 해방 정국에서 건국운동의 한계와 문제점은 무엇이며 그것이 오늘날 자주적 중립 통일 국가를 향한 한국교회의 분단 극복과 평화통일에 주는 역사적 의의는 무엇인가.

본 논문은 이상의 문제의식들을 가지고 최근의 발굴 정리된 『기독교회 관계문서철』[80]의 조선기독교 남부대회와 기독교 신민회 운동 자료들을 중심으로 서술할 것이다.

해방 정국의 정치 지형과 기독교

한반도에서 해방은 미완의 해방이며 문제상황이었다. 왜냐하면 해방은 우리에게 일제로부터 벗어나 국토와 주권과 자유를 얻었다는 점에서 해방이었지만, 그것은 그와 함께 주어진 과제들을 해결해야만 하였기 때문이다. 그 가운데서도 첫째, 식민지 잔재의 척결을 통한 사회개혁. 둘째, 대외적인 차원에서 자주독립 국가 실현. 셋째, 분할 점령된 남북의 통일과 민주적인 국가 실현이라는 것이 중요하였다. 그리고 이것이 문제상황이라는 것은 해방 정국이 이 문제를 단지 부분적으로만 해결하고 문제의 완전한 해결을 빌미로 분단과 전쟁이라는 민족사적 비극을 초래하였기 때문이다.[81] 특히 일제 하에서 고난과 박해를 받으면서도 한국 사회의 서구 자본주의적 근대화 과정의 중심체로서 성장해온 한국교회에 8 · 15해방은 이중적인 의미가 있었다. 하나는 일제의 고난과 박해 속에서 한국교회는 민족교회로서 자기 정체성을 형성하면서 해방 후 한국사의 일정 한도의 국가 건설에 참여할 책임과 함께 실제적인 세력을 형성했다는 것이다. 다른 하나는 제2차 세계대전에서 미국을 중심으로 한 연합국의 승리로 서구 지향적인 근대화를 지향해온 한국교회로서는 해방 정국에서 사회주의 세력과 대결하는 자본주의적 국가 건설의 이상을 선택하였다는 것이다. 1945년 한국교회의 세력은 일제 말의 신사참배와 교단 통합 등으로 그 수가 감소했음에도 불구하고 교회 수 2,793개에 5,923명의 성직자와 459,721명의 신도 수를 가지고 있었다.[82] 비록 전체 인구 비율로 볼 때 한국 기독교인의 수는 2~3%에 불과하였지만 이들은 확고한 신앙적 자기 동일성을 가지고 공동체적 연대성을 가지는 집단이었다는 점이 중요하다. 특히 한국 정치와 사회 권력 구조의 기반을 형성한 미군정 하에서 한국교회는 통계지표상의 수보다도 실제적인 영향력을 크게 가졌다.[83] 따라서 이러한 한

80) 한국교회사 문헌연구원 (편), 『기독교회 관계문서철』, (서울 : 한빛출판사, 1990)

81) 남경희, 『주체 · 외세 · 이념 : 한국현대국가건설기의 사회적 인식』, (서울: 이대출판부, 1995) pp. 59~62

82) 노치준, 강인철 공조, "해방후 한국종교의 특성과 변화", 『한국현대사와 사회변동』, (서울: 문학과 지성사, 1997) p. 223

83) 진덕규, "미군정의 정치사적 인식", 송건호 외 『해방전후사의 인식』, (서울: 한길사, 1979) p. 49

국교회의 성격과 세력은 해방 정국의 건국 주체로서 사회주의 세력과의 갈등과 반목을 불러일으켰다. 이것이 한국교회가 분단 고착화 과정에 관여하게되는 것이다. 미국은 한국교회의 반공주의적 속성과 그 친미적 경향을 이용하여 아시아에서 공산주의 세력을 저지하는 방어선으로 남한의 건국 과정을 이끌었던 것이다.

해방 공간이라고도 불리는 해방 후 3년의 정국은 자주적 통일의 민주국가 수립을 목표로 다양한 정치 집단들과 세력들이 갈등하는 무대이었다. 미군정의 보고서에 의하면, 당시 한국 사회의 정당 사회 단체의 정치적 성향과 그 회원 수는 다음과 같다.

구 분	정당 단체 수	회원 수
우익	222(51.4%)	22, 809, 800(35.2%)
중간파	81(18.8%)	14, 955, 800(23.1%)
좌익	129(29.9%)	27, 044, 800(41.7%)

물론 이 통계 자료는 당시 남북한 인구가 3천만이 못되었던 점을 비추어볼 때 확대된 숫자이기도 하다. 하지만 한국 사회는 사회주의 지향적인 흐름이 강했음을 엿볼 수 있다. 그 중 해방 정국에서 남한의 정치 공간을 주도한 대표적인 집단은 크게 우익의 임시정부수립대책협의회이하 임협와 좌익의 민주주의민족전선이하 민전 그리고 중도적인 시국대책협의회이하 시협가 있었다. 이들의 정치 체제와 제반 정책에 대한 구상을 자세히 열거할 수는 없다. 다만 여기서는 그 특징적인 점들을 비교하고자 한다.

임협은 한민당이 주도적으로 결성한 단체로 한민당 외에 조선민주당이 이에 결합하고, 사회단체로는 대한노청, 독립촉성부인회, 조선상공회의소, 토건협회, 천주교회, 불교총무원 등 170여 단체가 참여하였다. 이들은 임시정부 수립에 대한민국 임시정부 법통을 계승할 것을 내세우며 신탁통치안을 절대 반대하고 남북을 통한 총선거에 의해 정부를 수립할 것을 주장하였다. 정부의 형태로는 민주공화제를 주장하며 중앙 정부의 대통령 내각제를 실시하고 사법권을 법원에 귀속하는 3심제를 주장하였다. 그러나 경제 정책에서는 일관성 없는 정책을 제시하였다. 즉 소작제를 폐지하고 토지 자본을 계획적으로 산업 자본으로 전환한다고 주장하면서도 친일 지주 토지 몰수나 유상 매수까지도 반대하였다. 일제 잔재의 척결도 점진적으로 해나가기 원하였다. 경제기획원을 통한 국가 기획과 통제의 산업 조직을 지향한 임협은 노동 시간은 1일 8시간, 1주 48시간 노동제 실시를 원칙으로 하였다. 그리고 재정 정책에서 균형 예산을 위해 정부 기구를 축소하고 외국의 차관과 금을 저장하여 화폐 제도를 수립할 것을 주장하였다.

민전은 1946년 2월 15~16일에 공산당 인민당 독립동맹 등 3개 정당과 조선노동조합 전국평의회, 농민조합 전국총연맹, 청년총연맹, 전국부녀총연맹 등의 단체들이 주축이 되어 결성한 단체이다. 이들은 모스크바 3상회의의 원칙 하에서 국가 건립에 노력할 것, 기성 정부의 법통을 고집할지 말 것을 목표로 삼았다. 민전은 인신의 자유와 재산권을 보호를 강조하는 우익과 중간파의 입장과 달리 인간의 노동과 교육의 권리를 강조하고, 친일파에 대해 기본권 제한의 권한을 두었다. 국호를 조선인민공화국으로 하고 특권 계급의 형성을 반대하는 인민의 주권과 이익을 따르는 국가 수립을 주장하였다. 중앙정부기관으로는 대통령보다 수상 중심의 내각제로 입법권과 행정권을 결합시킨 강력한 통치 구조를 주장하였다. 재판도 3심제가 아닌 2심제를 주장하고, 배심원제를 채택하였다. 경제 정책은 금융기관의 국유화와 소작제를 철폐하여 지주의 토지는 무상몰수, 무상분배의 원칙을 주장하면서도 주요 산업 조직의 국유화와 최저 임금제 실시는 임협과 동일하였다. 특히 사회보장 문제에서 이들은 우익보다 매우 광범위한 권익 보장 조항을 채택하고 계급 독재적인 인민위원회를 통한 지방정권 형태를 말한다. 그리고 교육문화 정책에서 봉건적 잔재와 일제 잔재의 숙청에 큰 비중을 두었다.

시협은 좌우 합작위원인 김규식, 여운형, 안재홍 등이 1947년 7월 3일에 결성한 단체로 이들은 중간 노선의 강력한 추진을 위해 종교계와 노동계를 결속하며 좌우 합작위원회를 강화하려고 노력하였다. 이들은 앞선 우익과 그 주장에 있어 크게 다르지 않았다. 단 지방정치단체 구성은 제한된 의미의 지방자치를 주장하고, 토지개혁에서 농민 본위의 경작권을 확립하는 유상몰수, 무상분배를 주장하였다. 해방 정국의 정치 지형을 주도한 이들 세력들은 자본 계급의 진출이 두드러지지 않는 부분에서는 그게 차이를 보이지 않는다. 단 통치 구조 면에서 자신에게 유리한 입장을 선점하기 위해서 지주 계급의 토지 몰수 부분과 친일파와 민족 반역자에 대한 처단 부분, 그리고 유통 구조의 국유화, 노동자의 경영 참여 등에서 때로는 배치되는 차이를 보이고 있다. 특히 이와 같은 정치적 노선의 차이와 갈등은 해방 정국에서 권력을 선점하고 완전히 장악하기 위한 세력 대결과 갈등으로 발전하게 된다. 그러나 문제는 이들의 주장이 당시 대중이 직접적인 통치 구조를 선택하는 방향과는 거리가 멀고 또한 당시 한국 사회가 놓여있는 사회 경제적 조건을 정확하게 파악하지 못하고, 그 대안을 내놓지 못하였다는데 있다. 1920년대부터 사회주의 세력과 적대적이었던 한국교회는 임협이나 시협의 정치 노선을 따라 건국운동에 합류하였다. 여기서 문제가 되는 것은 한국교회가 정치 참여를 하면서도 대중의 현실적 요구를 바로 수렴하는 민주주의적 방법을 활용하지 못했을 뿐만 아니라 한국 사회 현실의 국내외적 현황을 바로 반영하지 못하였다는 것이다. 이점에서 한국교회는 대중과 현실로부터의 지지와 호응을 받는 체제 변혁적인 노선보다는 이상론적인 구상에 머문 체제 옹호적 노선을 선택한 것이다.

조선기독교 남부대회와 기독교의 건국운동

해방 정국에서 여타의 정치 세력들보다도 기존의 조직과

구성원을 더 많이 가지고 있던 집단이 한국교회였다. 그것은 일찍이 일제 식민 시대를 통해 항일민족운동을 전개해온 역사적 경험과 친일적 반민족 운동을 해온 역사적 경험을 공유하고 있는 조직체였기 때문이다. 한국교회의 건국운동의 참여는 1945년 9월 8일 소집한 조선기독교남부대회이하 남부대회에서 시작된다. 해방 정국에서 남부대회는 교회 재건을 위한 한국기독교단 합동의 최초 단일 기구라는 것과 국가 재건을 위한 정치 단체인 기독신민회를 결성하였다는데 그 중요성이 있다.

해방 정국에서 한국교회는 교회 재건과 국가 재건이라는 두 가지 과제를 수행하여야 했다. 북한 교회가 해방이 되자 교파별로 환원하는 교회 재건과 기독교인 중심의 정당 조직을 결성하여 국가 재건에 나선 것과 대조적으로 남한에서는 남부대회 설립을 추진하였다. 남부대회의 역사적 연원은 일제의 기독교단 통합 정책에 따라 1945년 7월 19~20일에 결성한 일본기독교 조선기독교단에 있다. 한국교회에는 일찍이 선교 초기부터 하나의 대한예수교회를 수립하려는 노력이 있어왔다. 그러나 선교사들의 정치적 이해 관계와 한국교회의 지역 차별적 파벌로 인하여 번번이 실패했던 것이 사실이다. 특히 3·1운동 이후 한국교회는 일제의 문화통치 하에서 다양한 서구 신학 사조의 유입과 지도자 층의 신분 상승으로 인한 교권 구조가 형성되면서 수많은 분열의 조짐과 소종파sects 운동이 일어나기 시작하였다. 물론 이와 같은 상황에서 일본기독교 조선교단이라는 단일 교회를 형성한 것은 한국교회들을 전쟁에 동원하기 위한 일제의 전략적 방법이었지만, 어쨌든 그것은 한국교회 역사상 획기적인 일이었다. 따라서 8 · 15 해방을 맞는 시점에서 한국교회의 장래를 위해 이 단일 교회의 조직을 그대로 존속시키고자 하는 의도가 있었다.

> 그리하여 해방 후에 각 파 지도자들 사이에서는 비록 총독 정치 하에서 합한 것이지만, 한국교회가 하나로 뭉친다는 것은 그 정신적으로나 또는 새로운 시대 곧 독립국가를 이룩하려는 이때에 더욱 요청되는 것이 아니냐는 의견으로 남부대회를 구성하기에 이르렀다.[84]

남부대회의 주역이었던 김춘배의 위의 글에서 중요한 것은 첫째, 해방 후 각 파 지도자들의 공통적 견해라는 남부대회 설립 주체의 문제이다. 둘째는 독립국가를 이루려는 역사적 요청이라는 설립의 목적 문제이다.

남부대회는 흔히 말하듯이 일본기독교 조선교단에 조선

84) 김춘배, 『필원반세기』, (서울: 성문학사, 1977) p. 123

85) 남부대회 조직 이면에는 교회 지도자들이 정치적 욕망이 있었다는 지적이나 또는 친일 교역자들이 교파 환원이 될 경우 자신들에게 쏟아질 비난을 우려했다는 견해도 있다.
김양선, 『해방후 10년사』, (경성 : 대한예수교장로회 총회교육부, 1956) p. 50
김광우, 『나의 목회 반세기』, (서울, 바울서신사, 1984) p. 85

기독교교단이란 새 간판을 건 것에 불과하다는 해석들이 있다.[85] 그러나 조선총독부에 의해 임명받은 형태로 일본기독교 조선교단의 지도자가 된 이들은 모두 친일파로 평가되어 해방 정국에서 재건의 주체가 될 수 없었기에 남부대회를 해체하였다는 것은 그 정당한 이유가 될 수 없다. 오히려 해방 정국의 기독교계 상황을 고려할 때 남부대회 해체는 분열주의적인 교파 환원을 정당화하기 위한 교권주의자들의 변증논리였다고 말하는 것이 더 타당할 것이다. 왜냐하면 이듬해 4월 30일부터 5월 2일까지 정동제일교회에서 열린 제 2회 조선기독교 남부대회가 임원을 개선하고 대회장에 교계의 비판을 받는 김관식 목사 대신 배은희 목사를 선임하면서 그 비판에서 벗어난 것이 하나의 증거이다. 남부대회 이전에 이미 북한교회는 장로교의 신사참배 반대자들 중심으로 「교회재건 5원칙」을 내걸고 노회와 지회의 재건을 추진하였기 때문이다. 이에 따라 남한교회에서도 장로교 경남노회는 남부대회의 교구제를 거부하고 노회 환원을 결의하여 1945년 11월 3일 출옥 성도 주남선 목사를 노회장으로 선임하고 노회를 재건하였고, 전북노회도 12월 5일 재건되었다. 따라서 남부대회의 해체는 해방 이전부터 형성된 한국교회의 개교회주의와 교권주의 그리고 지역 패권주의가 엮어낸 것이라고 볼 수 있다. 남부대회에 주역으로 활동한 김종대 목사는 남부대회 해체 이유를 ① 3·8선으로 인한 남북 분단 ② 각 교파 선교사가 양파래兩派來 ③ 신학자들의 신학 갈등 ④ 권력욕과 재산 문제 ⑤ 출옥 성도들의 배타적 태도 등에서 찾고 있다.[86] 그러나 결국 남부대회는 이후 일제 시대 하에서 교파 교회를 인정하면서 교파연합운동기구로 존속했던 조선기독교 연합 공의회를 재건한 조선기독교연합회라는 에큐메니칼 운동체로 계승되었다.[87]

둘째로 남부대회 설립은 한국교회를 하나의 통합된 교단으로 재건하려는 목적 이외에도 해방 이후 한국 사회의 기독교적 국가 건설에 대한 역사적 요청이었다는 것이 중요한 사실이다.

> 교회의 제일 큰 문제는 강제적 합동이었다. 이 합동을 존속할 것인가 장감성구長監聖救 각파로 환원할 것인가 이 중대한 문제를 가지고 교계원로 현역 교역자 평신도 등의 의논이 분분한 끝에 우리의 합동이 비록 강제적인 합동이나 금후 한국 기독교의 갈 길은 대 합동으로 민족 영원한 정신적 신앙적 양심과 건국의 정신적 기초가 되어야 할 것으로 합의되었던 것이다.[88]

앞에서 통계적 수치로 언급하였듯이 해방 정국의 정치 지

86) 김종대, "8 · 15해방과 서울의 교계", 김흥수 편, 『해방 후 북한교회사』, (서울, 다산글방, 1993) p.343
87) 전택부, 『한국 에큐메니칼 운동사』, (서울, 한국기독교교회협의회, 1978) p.235
88) 김종대, 위의 글, p. 343

형에서 기독교 세력은 다양한 정치 세력 집단들간의 세력 갈등의 커다란 변수로 작용하였다. 특히 우익 3영수인 이승만, 김구, 김규식을 비롯하여 남한 정치계를 주도한 이들이 기독교인들이었으며, 미군정 하에서 남한의 건국노선을 주도한 것도 기독교인이었다. 따라서 한국교회는 기독교적인 건국을 지향하였다. 남부대회는 1945년 12월 28일 정동제일교회에서 『임시정부 요인 환영대회』를 개최하였다. 이 자리에서 김구는 새 나라의 건설은 건국과 건교의 2대 방책에 있다고 강조하고, 경찰서 열을 세우지 말고 교회 하나를 세우라며 건국의 기초로서 기독교 신앙 확립을 역설하였다.[89] 이승만도 신국가 건설을 만세 반석 되시는 그리스도 위에 세우자고 호소하였고[90] 김규식 역시 새나라의 주역은 교회가 되어야한다고 주장하였다.[91] 따라서 남부대회는 해방 정국에서 기독교적 국가 건설의 이념을 제공하고 그들을 적극 지원해야할 의무가 있다고 생각하였다. 그리고 그 의무를 수행하기 위하여 교파별로 환원하여 분산하는 것보다는 각 교파의 통합체인 남부대회로 존속되는 한국교회의 구심점을 확립하려 한 것이다.[92]

남부대회 창립은 1945년 11월 27~30일 정동제일교회에서 있었다. 임원을 선임하고 회무 처리에 앞서 순교자들에 대한 추도회를 먼저 가졌다. 그리고 남부대회는 다음과 같은 사업을 시행하기로 결의하였다.

1) 조선 독립 촉성을 위하여 3일간 금식 기도

2) 대한민국 임시정부를 절대 지지

3) 대회장 방미 시는 물심양면으로 협조

4) 선교사 내한 환영의 편지 발송

5) 38선 문제와 조선 완전 자주독립을 위하여 미국교인에게 여론을 환기할 것과 트루먼 대통령의 진정

6) 제주 한림교회 구제키 위해 성탄 시 연보

7) 1946년 1월 제1차 주일을 출판부 주일로

8) 1946년 2월 제1차 주일을 청년 주일로

9) 1946년 3월 제1차 주일을 신학교 주일로

10) 폐쇄되었던 교회는 속히 문을 열기로

11) 기관지 발행

12) 유년 및 장년 공과 발행

13) 각 교구회마다 종교교육 강습회 개최

14) 전도목사 2인 채용하되 예산은 감사 연보 이하를 수입

15) 찬송가 합편 발행

16) 성서 공회 및 기독교서와 연락

17) 종전 기독교 계통의 학교는 환원할 것이며 성경을

89) 김구, "강한나라를 세우자", 『활천』, 1946, 1, p.2
90) 이승만, "하나이 되자", 위의 책, pp. 4~5
91) 김규식, "자기를 정복하여라", 위의 책, pp. 4~5
92) 김양선, 위의 책, p. 50

정과正課로 편입토록 교섭

18) 중앙방송국에 교섭하여 일요 강화

19) 형무소에 목사를 파송 전도[93)]

남부대회는 미소의 분할 점령 하의 상황에서 조국의 완전한 독립을 위하여 1월 1일부터 3일간 금식기도를 전국적으로 시행하였다. 그 중 경성 시내 교회들은 특별 새벽기도를 개최하여 열심히 기도하였고, 금식기도회를 제안한 승동교회의 류동봉 장로는 12월 25일 성탄절부터 금식하며 기독교 국가 건설과 민족을 위한 기도를 하였다. 또한 해방 정국에서 남부대회는 전도 사업과 출판물 보급을 위하여 추수감사절 헌금에서 20%를 송금하기로 하고 새해 첫 주일을 남부대회 출판비 조달을 위해 헌금하기로 결의하였다. 그리고 다른 한편으로 남부대회는 지방교구들을 설립하며 각 부서 및 임원들을 선출하는 조직 구성을 추진해 나갔다. 이와 같은 남부대회의 사업 중에 우리가 주목할 것은 기관지로 「기독교공보基督教公報」를 발행하였다는 것이다. 1946년 1월 17일에 창간된 「기독교공보」는 주간지로 김춘배 목사가 발행인 겸 편집부장을 맡아 해방 정국에서 남부대회의 취지와 사업 활동을 전파하며 기독교적 국가 건설을 위해 먼저 한국교회가 하나의 교회가 될 것을 호소하였다.

조선의 교회는 새로운 지표를 향하였다. 그것은 '하나'

로서 한다. 구주도 하나요 신앙도 하나요 소망도 하나인 우리는 교회의 형태도 하나라는 것이다. 이것은 우리 교회의 잠재하여 오던 맘소리의 폭발이요 민족의 절대의 요청이요 지상의 명령인 것이다. 기독교공보는 이 새로운 지표를 향하여 등정한 조선기독교의 전령사이다.[94]

해방 정국에서 교회의 지상 과제는 하나가 되는 것이다. 그것은 신앙적 요구뿐 아니라 민족의 요청이기도 한 것이다. 각종 정당 및 사회단체가 난무하는 상황에서 한국교회로서는 이때가 하나가 된 모습으로 민족 통합의 구심점 역할을 하며 건국운동에 기여할 바라고 판단한 것이다. 따라서 남부대회는 이와 같은 이념을 실천할 정치 참여의 조직체로서 기독신민회를 결성한다. 해방된 조국에서 한국교회는 역사 현실을 외면하고 교회 재건에만 안주할 수 없는 실정이었다. 특히 남북의 분할 점령에 의한 분단, 모스크바 3상회의에 의한 신탁통치안의 찬반 대립, 그리고 정치 계파와 노선간의 갈등 등 혼란한 상황에서 기독신민회는 기독교적 국가 건설을 위한 정치적 결단을 하지 않을 수 없었다.

금일의 조선 기독교인은 국가의 흥망, 종교의 성쇠를

93) 『기독공보 제 1호』, 1946. 1. 17
94) "간행사" 『기독교공보 1호』, 1946. 1. 17

> 확고히 인식하여 신구교회를 망라하며 구국적으로 5인이 신봉할 주의, 신념, 이상을 발견하였거든 종파, 교리, 교의에서 단연 초월하여 대동단결로서 일대구국운동에 참가할 것이다. 기독교인을 중심으로 결합한 민족신생운동은 기독교 자신과 조국 조선을 멸망의 그 위기에서 구출보호할 유일한 방법이다.[95]

기독신민회는 민족적 양심과 종교적 양심을 결합한 실천운동으로 민중의 정신과 물질 생활을 개혁하는 민족신생운동으로 출발하였다. 그러나 기독신민회의 궁극적 목표는 남부대회가 갖는 교회의 정치 참여의 한계를 극복하고 기독교적 국가 건설에 전적으로 참여하는 것이다. 다시 말하면 기독신민회는 해방 정국의 분산된 한국교회들을 하나로 결집하고, 그 결집된 힘으로 "그리스도에의 사회적 구현, 십자가의 건국 이념의 반영"을 위한 것이었다. 여기에 기독신민회 조직과 그 이념에 독특성이 있는 것이다. 기독신민회는 다음과 같이 신민회 규칙을 작성하고 조직을 구성하였다.

기독신민회 규칙

제1장 총 칙

제1조 : 본회는 그리스도인의로 성실과 신의를 가지고 회원 상호간의 신앙적 화목을 도모하야 물심양면에 생활 향상을 기하야

지상 천국을 조국 조선에 건설함을 목적함.

제2조 : 본회는 기독신민회라 칭하고 본부를 서울에 치(置)하고 도에는 도연합. 군에는 군지회. 면에는 분회를 치함.

제2장 회 원

제3조 : 본 회원은 그리스도인으로 하고 회원 2인 이상의 추천과 임원회의 결의에 의하여 입회를 허락함.

……(중략)

제6장 사 업

제10조 : 본회는 제 1조의 목적을 수행하기 위하여 신앙운동, 생활개선, 문교, 공제와 애국운동을 실천함.

제7장 부 서

제11조 : 전기 10조의 사업을 실행하기 위하여 좌기 부서를 설치함.

총무국, 신생국, 문교국, 재무국, 조사국, 전도국, 공제국, 외교국, 조직국

제8장 재 무

제12조 : 본회 제정은 회원의 회비와 특별 의연으로 충당함.[96]

창립총회는 규칙을 통과시키고 다음과 같이 임원을 선정

95) "기독신민회 취지서", 『기독교회 관계문서철, No. 4』

96) "기독신민회 규칙", 『기독교회 관계문서철, No. 5』

하였다.

직 책	성 명	직 책	성 명
회 장	박용희	문교국장	김영섭
부회장	강태희, 최동	공제국장	김수철
비 서	최석주	외교국장	김영주
총무국장	박용래	조사국장	김춘배
전도국장	방 훈	재무국장	신창균
신생국장	박용준	조직국장	류재기

임원 구성에 있어서 특별히 우리의 눈길을 끄는 것은 남부대회의 임원이 아닌 박용희 목사[97]와 류재기 목사[98]등이 참여한 것이다. 순천노회의 신사참배 반대운동으로 일제 하에서 고난을 당한 민족주의자 박용희 목사와 농촌 운동에 앞장서다 농우회 사건으로 옥고를 치른 류재기 목사 등 항일민족독립운동을 해온 이들이 주축을 이룬 것이다.

기독신민회가 본부를 서울시 정동 1번지에 두고 첫 사업으로 추진한 것은 협동조합 창립이었다. 해방 후 한국사회의 가장 시급한 문제는 정치적 자유는 주어졌지만 일제 하의 수탈과 착취로 인한 빈곤과 궁핍이었다. 기독신민회는 "생활은 경제적 토대를 안정시키고 새로운 경제적 이념을 세워야한다"[99]는 차원에서 협동조합을 창립하고 규약과 임원을 선정하였다. 그리고 1946년 5월 1일 제 2차 남부대회에서 강연회를 맡는 등 대외적인 계몽활동을 하였다.[100] 그러나 기독신민회의 활동은 계획한대로 사업이 잘 추진되지 않았다. 한국교회 초기 선교사들의 선교 정책 가운데 정교분리 정책은 교인들로 하여금 해방 공간에서 기독신민회의 사업을 비신앙적인 세속적 정치 활동으로 보게 하고 백안시하게 하였다.

이에 박용희 목사는 1946년 9월 20일 "기독신민회에 대하여 동지제위께 고함"이란 성명서를 통해 다시 한 번 한국교회의 적극적 참여를 호소하였다. 이 글에서 기독신민회는 8가지 항목으로 실천 구상들을 밝히고 있다. 그 내용을 요약하여 말하자면 첫째, 기독신민회는 온갖 파벌과 종파, 성별, 계급, 정당을 초월하여 오직 그리스도를 중심으로 그리스도의 사랑을 토대로 한 대동합동체이다. 둘째, 기독신민회는 한국교회 안팎의 모든 파쟁을 부인하고 오직 협조와 단결 그리고 통일을 목표로 한다. 셋째, 기독신민회는 세상을 혐오하는 염세주의를 배격하고 "하늘에서 뜻이 이룬 것처럼 이 땅에서도 이루어지는" 기도를 성취하려는 것이다. 넷째, 기독신민회는 한국사회 70~80%가 되는 문맹을 퇴치하고 계몽운동 제1선에 서려는 것이다. 다섯째, 기독신민회는 자원 봉사자와 당국의 후원을 받아 국민보건운동을 통

97) 박용희 목사의 생애와 활동에 대해서는 박숙정, "만세혼", 『신동아』 1976. 9월호, pp.362~395 참고

98) 류재기 목사의 생애와 사상에 관해서는 주태익, 『이목숨 다바쳐서』, (서울: 장로회총회교육국, 1977)를 참고

99) 『기독교공보』, 1946. 1. 17

100) "제2회 남부대회 일정표", 『기독교회 관계문서철, No. 13』

한 생활 개선을 한다. 여섯째, 기독신민회는 위의 계몽과 건강운동을 농촌에 두고 농업 기술, 조합운동 등을 통해 농촌의 특수문화 건설과 농촌 이상화를 하려는 것이다. 일곱째, 기독신민회는 근로를 사랑하고 상부상조하는 협동조합운동을 활발히 전개하여 현재의 경제적 혼란기를 극복하고 기독교적 경제 윤리를 확립해 나가려는 것이다. 여덟째, 기독신민회는 정교 분리의 장벽을 헐고 외국과 같이 정당과 노동조합을 통해 그리스도의 진리를 정치 생활에 살려내는 것에까지 이르지 못할지라도 정치에 여론 환기를 불러일으키는 역할을 감당해 나가려는 것이다.[101)]

이상의 실천 구상들을 통해 볼 때 기독신민회는 해방 정국에서 권력을 획득하기 위한 정치적 조직체이거나 또는 어느 정당의 하부 조직체가 아니었다. 단지 해방 정국 속에서 한국교회가 일제 시대의 소극적인 개인 구원적인 신앙을 벗어나 민족의 장래와 역사를 책임지는 사회 구원적 참여 신앙을 실천하고자한 조직운동으로 볼 수 있는 것이다.

> 우리의 뜻한 바는 변함없이 악전고투의 길이요 십자가의 좁은 골짜기라 하더라도 싸워나가기를 그치지 않고 있음을 감히 선배나 동지 형제, 자매에게 공헌하여 마지않고 또한 확신하는 바입니다. 이 확신과 그리스도 애의 사회적 구현, 십자가의 건국이념에의 반영 구현의 노력과 기도 이것이야말로 우리 그리스도인의 참된 애국운동이

요 진정한 애국정신의 반로며 정당한 그리스도인의 애국 적 노선이라 확언하는 바입니다.[102]

박용희의 명의로 된 성명서였지만 뒤에 기독신민회 비서부 발표라 덧붙인 것은 그만큼 해방 공간에서 한국교회의 정치 참여적 요구를 반영한 것이다. 따라서 기독신민회의 이러한 호소는 지방조직들이 형성되는 반향을 일으켰다. 기독교회 관계 문서철에는 1946년 11월에 「기독신민회 대구지회 설치 발기인 승낙서」가 단편적으로 실려 있다. 그 가운데 승낙 동기를 다음과 같이 밝히고 있다.

> 오吾 동지들은 수도에 본부를 세운 기독신민회 대구지회를 설치하야 기독교복음주의 하에서 건국운동을 매진함에 호상 동의하여 발기인이 되기를 승낙함[103]

그러나 매우 모순적이게도 이것을 결의한 대구지회는 기독신민회의 모체라 할 수 있는 남부대회를 이미 오래 전 다음과 같은 5개 조항의 이유로 부인하는 결의를 하였다.

101) "기독신민회에 대하여 동지제위께 고함", 『기독교회 관계문서철, No. 3』
102) "기독신민회에 대하여 동지제위께 고함", 『기독교회 관계문서철, No. 3』
103) "기독신민회에 대구지회설치 발기인 승낙서", 『기독교회 관계문서철, No. 2』

1) 창립 당시 하회노회, 교구의 결의를 얻지 않은 일.

2) 창립 당시 출석원은 개인 자격으로 참석한 일.

3) 분단으로 인하여 교회가 둘로 나누어진 상황에서 남조선 단독의 교회 재건보다는 기다리는 것이 도리란 일.

4) 창립 당시 참가 교파들 일부가 교파 환원을 한 일.

5) 해방 이후 사상적 혼란 속에서 민도를 보아 합동의 시기가 상조한 일.

여기서 우리가 중요하게 집고 넘어가야 할 것이 있다. 하나된 교회를 통한 자주통일국가 건설에 나선 남부대회와 기독신민회는 일차적으로 전자의 비중을 둔 남부대회가 벽에 부딪혔다는 것이다. 그리고 후자에 비중을 둔 기독신민회는 어느 정도 한계 안에서 독자적으로 존립을 하였던 것이다. 그것은 당시 한국교회가 교회 재건이라는 교파 합동의 문제는 소극적이었지만 기독교 건국운동에는 상대적으로 관심을 가졌다는 반증이다. 그러나 기독신민회의 활동은 결코 길지 않았다. 왜냐하면 남부대회와 중첩된 인물들은 위에 경북노회의 결의처럼 일단 지도력에서 소속 교파를 대표할 수 없었기 때문이다. 또한 교회 합동의 근거가 된 남부대회가 해산된 상황에서 기독신민회 역시 건국운동 주체들의 교파 신학과 정치 노선을 따라 일관된 방향성을 가질 수 없었다.

그렇다면 왜 해방 정국에서 기독교 건국운동을 전개한 남부대회와 기독신민회 해산의 근원적 이유는 무엇일까? 왜 남부대회는 제2회 대회를 가지고 창립된 지 1년도 채 못되어 "본 대회의 성격을 재토정再討定, 각 교파는 각자 성격대로 활동키로"[104] 한다는 것을 결정함으로 실질적인 해체를 선언하여야만 했을까?

남부대회의 해체 원인에 대해 다양한 주장들이 있지만 대체로 다음의 두 가지 입장으로 구분할 수 있다. 첫째, 남부대회를 정치적 욕망이 있는 자들이 결성한 일본기독교 조선교단의 합동 체제를 그대로 유지하며 해방 후 교계를 장악하려하였던 친일 교역자들의 명분 없는 조직이었다는 한국교회의 친일론적 비판이다.[105] 둘째, 남부대회에 적극 참여하였던 이들의 입장으로 3 · 8선으로 나누어진 분단 상황에서 지난날 교파에 대한 향수와 신학적 갈등, 주도권과 재산 문제 그리고 식민주의적 외세 의존 태도에서 기인한 것이라는 한국교회의 분열론적 비판이다.[106] 우리는 앞서 언급하였듯이 남부대회 조직을 친일적 요인으로 보는 것은 무리가 있음을 지적하였다. 일제에 의해 강제적

104) "조선기독교 남부대회 상황", 『기독교회 관계문서철, No. 13』
이덕주, "남부대회의 조직과 소멸", 한국기독교사 연구회, 『한국기독교사 연구 제 30호』, 1990, p.26

105) 김광우, 위의 책, p.85
김양선, 위의 책, p.50

106) 김춘배, 위의 책, p.124
김종대, 위의 책, p.342

으로 하나가 되었다 할지라도 해방 공간에서 기독교의 건국운동을 위한 조직으로 필요하다면 해체보다 정작 구성원의 교체와 이념적 전환이 필요한 것이었다. 제2차 남부대회의 임원 개선은 바로 이러한 남부대회의 구성 성격의 변화시도였다고 볼 수 있다. 그러나 교권주의자들은 친일/반일의 이분법적 도식으로 남부대회를 친일적인 권력 지향 조직으로 매도하였다. 따라서 남부대회 해체의 요인에는 오히려 해방 정국에서 교파 환원주의자들에 외세 의존적인 현실 권력 추종과 재산문제들이 두드러지는 것이다. 특히 미군정의 지원에 의한 미국 선교사들의 힘과 권위의 회복, 그리고 이에 동조하는 교파주의 목회자들과 기독교 지식인들에게 주어진 적산분배의 재산 문제들이 남부대회의 해체를 가속했다고 보아야 할 것이다.

남부대회는 비록 그 기원이 일제에 의한 교단 통폐합의 결과이지만 해방 정국에서 하나된 교단으로 교회 재건과 기독교적 국가 건설의 참여하였다. 그래서 남부대회는 교회가 직접 건국운동이라는 정치참여를 할 수 없는 한계를 인지하고 기독신민회를 조직하여 미 · 소에 의한 분할 점령에서 벗어난 완전한 독립으로서의 자주적 통일국가 수립운동을 전개하였던 것이다. 따라서 남부대회는 해방정국에서 한국교회의 교단 합동을 최초로 이룬 에큐메니칼 운동으로서 새롭게 평가되어야 하며 또 다른 차원에서 남부대회가 기독신민회를 비롯한 사회선교적 조직을 통해 건국운동을 추진한 정치적 실험은 재고되어야 할 것이다.

남부대회와 기독신민회 활동에 문제점이 없었던 것은 아니다. 몇 가지 지적하자면 첫째, 해방 정국의 중요한 민족적 과제라 할 신사참배를 비롯한 일제 하 교회의 부일 행위에 대한 자정과 친일파 척결 문제 그리고 토지개혁 문제 등이 구체적으로 제시되지 않았다는 점이다.[107] 둘째, 한반도를 분할 점령한 미·소에 대한 정확한 인식과 대내외적인 국제 정세에 대한 폭넓은 파악을 하지 못하고 기독교 국가로서 미국에 대한 친미적 의존 태도를 강하게 갖고 있었다는 점이다.[108] 셋째, 해방 후에 형성된 남북의 분단 고착화 과정에서 통일적 대안을 제시하지 못하고 남한만의 단독정부 지향을 갖는다는 것이다. 넷째로 해방 정국에 미국 지배력과 기독교 지도자들의 지도력을 통한 기독교적 국가건설이라는 것에만 매달려 한국 사회의 다양한 건국운동의 한 부문 운동으로서의 자각을 갖고 타종교 및 정당 그

107) 김용복은 해방 후 한국기독교 교회운동의 지상과제는 신사참배 문제에 의해 유린당했던 신앙 양심의 회복, 교역자의 통회 그리고 기독교의 재건이었다고 말한다. 김용복, "해방후 교회와 국가", 장을병 외 『국가 권력과 기독교』, (서울: 민중사, 1980) p.194

108) 남부대회의 반공주의적 성격은 남부대회 사업결의 가운데 3항을 참조.
기독신민회의 반공주의적 성격은 "기독신민회 취지서" 중 다음과 같은 표현에 암시되어있다. "일부에서는 공장의 작업을 중지하고 학생을 학교에서 해방하여 가로상의 방황함이 조선의 해방과 독립을 위한 것이라는 악날한 선전이 유행하고있는 것이 사실이다.", 『기독교회 관계문서철, No. 4』

109) 김재준의 1945년 8월에 발표한 "기독교 건국이념"에 제시된 영세 중립 국가로서의 기독교 건국이념과 비교하라.
김재준, 『장공 김재준 전집 1권』, (오산: 한신대학출판부, 1997) p.159~179

리고 사회단체와의 대화와 연계가 없다는 것이다. 다섯째, 해방 정국에서 교회가 하나 되어야 한다는 분명한 신학적 근거와 기독교적 건국운동의 이념에 대한 뚜렷한 사상적 전망이 불분명하기 때문에 대중성을 동원하기 어려웠다는 것이다.[109] 이와 같은 것이 해방 정국에서 남부대회와 기독신민회의 교회 재건과 국가재건운동이 갖는 신학적 한계이자 사회 봉사적 실천의 문제점들이다.

해방 정국에서 한국교회는 건국운동의 중심에 서 있었다. 미국의 점령 통치 하에서 한국교회는 그 실질적인 조직과 세력보다 큰 영향력과 결정력을 가지고 있었다. 그럼에도 불구하고 분단 고착화와 자주통일국가 건설을 포기하고 남북한의 단독정부가 세워진 것에는 일정 한도 한국교회에 커다란 책임이 있다.

우리는 앞선 논의를 통해서 그 책임의 역사적 기원을 남부대회의 해체와 기독신민회운동의 실패에서 찾아보았다. 비록 일제의 강압에 의해 이루어진 교단 통폐합일지라도 이것을 해방 후 한국사회의 통합과 자주적 민주통일국가를 이루기 위한 정치 주체로 내세울 수 있었다면 한국교회가 그렇게 해방 정국에서 분열하며 친미 극우적 반공 세력으로 보수화 되지는 않았을 것이다. 교회는 분명 교회 자체의 고유의 사명을 가진 조직체인 것이 사실이다. 그러나 국가 안에 존재하며 교회의 고유한 사명을 실천하기 위해서는 어쩔 수 없이 국가와 관계하며 때로는 국가의 형성에 부분적으로 참여하지 않을 수 없다. 해방 정국은 한국교회로 하여금 하나님 나라에 근거한 기독교적 국가 형성을 위한 기회였다. 그러나 한국교회는 그 기회를 잃어버리고 오히려 한국 민족의 분단을 조장하고, 그 분단을 통해 권력을 확보하려는 정치 세력의 하수인으로 전락하는 위기를 맞이하게 되었다.[110] 역사는 과거 속에서 미래를 보는 것이다. 해방정국의 건국운동에서 한국교회의 선택은 오늘 21세기에 분명 다가올 분단 체제의 극복과 민족통일을 앞둔 우리에게 또 다른 선택과 실천을 요구한다.

110) 남한만의 단독정부 수립으로 시작된 제1공화국과 한국교회의 권력 유착 관계에 대해서는 최종고, "제1공화국과 한국개신교회", 연세대 국학연구원, 『동방학지 제46, 47, 48합집』, 1985를 참고.